新闻传播理论与播音主持研究

张 弛 夏 青 马小庆◎著

吉林文史出版社

图书在版编目（CIP）数据

新闻传播理论与播音主持研究 / 张弛, 夏青, 马小庆著. -- 长春 : 吉林文史出版社, 2023.4

ISBN 978-7-5472-9380-5

Ⅰ.①新… Ⅱ.①张…②夏…③马… Ⅲ.①新闻学—传播学—研究②播音—语言艺术—研究③主持人—语言艺术—研究 Ⅳ.①G210②G222.2

中国国家版本馆CIP数据核字（2023）第075340号

XINWEN CHUANBO LILUN YU BOYIN ZHUCHI YANJIU

书　　名　新闻传播理论与播音主持研究
作　　者　张　弛　夏　青　马小庆
责任编辑　张　蕊
出版发行　吉林文史出版社有限责任公司
地　　址　长春市福祉大路5788号
网　　址　www.jlws.com.cn
印　　刷　北京四海锦诚印刷技术有限公司
开　　本　185毫米×260毫米　1/16
印　　张　11.25
字　　数　263千字
版　　次　2023年4月第1版　2023年4月第1次印刷
定　　价　52.00元
书　　号　ISBN 978-7-5472-9380-5

前　言

从 1958 年新中国的第一家电视台——北京电视台（中央广播电视总台前身）建立和开播，到现在已经走过 60 多个年头了。无论是节目的类型和数量，还是节目的内容和形式，在这 60 多年中都有了突飞猛进的发展和日新月异的变化。从中华人民共和国电视开播到现在，虽几经变革却始终如一的电视节目就是新闻，最受关注的节目也是新闻，最受欢迎的节目还是新闻。

新闻属于传播学和新闻学的范畴，但是在具体的新闻传播过程中又与语言学、美学有了交叉，这个交叉点就是我们的新闻播音主持。当前播音与主持艺术专业招生规模仍在不断扩大，招生数量亦在不断增加，但相关研究领域却没有出现与此对应的繁荣盛况，究其原因主要在于将新闻传播及播音主持艺术等局限在了传统学科的范畴，这样的研究与探讨是缺乏实际意义的。基于此，特撰写《新闻传播理论与播音主持研究》一书，以期做出有益探索。

本著作共六章。第一章为对新闻的基本认识，内容包括对新闻的定义理解、新闻的主要特性、新闻要素及类别，以及新闻的价值实现。第二章围绕新闻传播现象及规律进行研究。第三章论述新闻传播主体与媒介，涵盖新闻传播者、新闻受众、新闻传播媒介。第四至第六章围绕新闻节目播音主持理论与实践知识进行论述，主要内容包括新闻节目播音主持及创新发展、新闻节目播音主持艺术创作探究、新闻节目播音主持的实践研究。全书理论与实践相结合，内容深入浅出、通俗易懂，既具有专业的深度，又具有较强的指导性与实用性。

在本书的撰写过程中，参考和借鉴了大量国内外相关专著、论文等理论研究成果，从这些论文、专著中，作者受益匪浅，在此，对这些专家一并表示感谢。在本书的撰写过程中，作者虽力求完美无瑕，但恐有不足之处，对此，望各位专家、学者批评指正，并提出宝贵意见。

作者

2022 年 10 月

目　录

第一章 对新闻的基本认识

第一节 新闻的定义理解

一、何为新闻

（一）新闻概念的演变

"新闻"一词，在唐代指新的听闻和见闻。在宋代，"新闻"兼指刊有新鲜事的"小报"——以"邸报"所不载的大臣章奏和官吏任免消息为主、兼有时事议论等的民间出版物，受到官府的查禁。在日本，"新闻"二字至今仍指称报纸。在中国现当代，"新闻"既可指口头新闻，又可指大众媒介中的新闻报道作品。

在1919年中国学者所著第一部新闻学著作《新闻学》中，作者徐宝璜说："新闻者，乃多数阅者所注意之最近事实也。"1943年，任中共中央机关报《解放日报》总编辑的陆定一提出："新闻的定义，就是新近发生的事实的报道。"后来范长江也对新闻下了一个定义："新闻就是广大群众欲知、应知而未知的重要事实。"

复旦大学王中教授引入传播学概念，把新闻定义为"新近变动的事实的传布"。宁树藩教授提出："新闻就是经报道或传播的新近事实信息。"有些学者又提出，新闻应当还包括新近发现、正在发生、将要发生的事实的反映。

上述定义中，陆定一的定义影响最大，沿用至今。然而严格说来，这只是陆定一当年所处报刊时代关于报道的操作性定义，而非关于新闻的学术性定义。即使在操作上，电视时代已有大量的现场直播、正在发生的新闻，新媒体时代又有借助大数据，对一个时期以来的现象、趋势进行统计，对即将发生的事进行预测的新闻。而且，现在人们得知的许多新闻，并不是从大众媒介的报道中看到，而是从朋友圈、微信群等社交媒介的告知和评论中得到，新闻发布者、提供者也正日益注重报道以外的新闻传播。

新闻就是真实、新鲜、传播对象（或受众）需要的信息。

（二）新闻是狭义上的信息

信息有广义和狭义之分。从广义上说，信息是物质与能量的存在和运动所发出的各种讯号，以及观点、知识、经验等经过大脑处理的产物。信息与物质、能量并列，构成人类生存环境的三大基本因素。各种声音、图像、语言、文字等，都是信息的形式。知识、经验和思想，音乐、电影和小说等，都是信息流。

从狭义上说，即通常所说的信息，是减少、消除人们对事物了解、认识上不确定性的东西。例如，关于高校招生录取分数线的报道，消除了人们对这方面的不了解、不确定。这种信息越是明确具体，就越能消除不确定性，质量就越高。

新闻属于狭义上的信息。因而新闻报道中，"日前""闹市中心""一个中年人"等，就不如"昨天""南京路上""一个中年男子"等信息质量高。

（三）新闻是事实性信息

信息有事实性信息、观点（意见）性信息、情感性信息之分。事实性信息是关于事实的存在；观点性信息包括学术论著、理论文章、杂文时评、演讲报告等里面的各种观点；情感性信息包括感情、态度和情绪。

新闻是事实性信息。观点和情感作为一种事实也可进入新闻，但其本身不是新闻。

新闻还必须完全符合事实，不能在事实的信息上添油加醋，不能有任何虚构，否则即使不完全是假新闻，也是虚的，也属虚假之列。

可见新闻的本源，即根本源头，就是事实。事实没有正确错误之分，而有真假之别，有准确不准确之别。因而要强调新闻必须真实准确，而不是正确。

至于通常所说的新闻来源，即新闻报道的信息来源，则可以是事发现场，也可以是别人的转述，不一定是事实本身。

（四）新闻是有新闻价值的信息

新闻不是所有的事实性信息，而是其中有新闻价值的信息。新闻价值是由信息中含有"真实、新鲜、传播对象需要"的素质所构成的，由此可得出新闻的定义。

二、新闻的定义

（一）广义上的新闻

这是指以各种形式存在的、有新闻价值（即真实、新鲜、传播对象需要）的信息。

"各种形式"包括口头、书信、文件、微信或大众传媒等各种媒介；演讲、新闻发布会、新闻公报、时事评论、报道作品等各种形式；经过或未经公开传播。许多人不看报刊、不听广播、不看电视和新闻网站中的新闻，不是他们不要任何新闻，而是他们从其他渠道得到了获取成本（包括钱和时间精力）更低或令他们更感兴趣的新闻。

有新闻价值，就是信息中具有真实、新鲜、传播对象需要的素质。这是"新闻"的根本特征。

新闻是事实性信息，否则就可能是文艺作品、理论文章、心灵鸡汤，等等。不过在定义中也可不提"事实性"。因为这里的"信息"指的是狭义上的信息；这里的"真实"已与事实相关联，即使观点真实、情感真实，也只是事实判断，即把有某种观点、情感作为一种事实，而不是认识判断或价值判断，不论其对错、好坏之类。

（二）狭义上的新闻

这是指大众媒介上以新闻样式存在的有新闻价值的信息，包括标题新闻、一句话新闻及其他各种报道，如常说的头版头条新闻、新闻写作、新闻奖等名词中的"新闻"。它们是广义新闻的一部分，但其传播对象不是少量人、个别人，而是广大受众，因而其定义应该是：真实、新鲜、受众需要的信息。

此外，沿用至今的"报道说"定义中没有受众，这反映且加强了传者为中心的现实。在受众已有很大自主性和选择余地的移动传播时代，许多新闻传者只有两条路：活路——改变新闻观念，死路——被受众抛弃。

第二节　新闻的主要特性

一、新闻的真实性

真实是新闻存在的基本条件，也是新闻区别于其他文体的重要特征。新闻之所以获得广大受众的喜爱，起到说服和教育群众、影响和引导舆论、指导和推动工作、服务于各项社会事业和人民生活的重要作用，正是基于新闻最基本的原则和特征——真实性。

（一）新闻真实性的含义

世界是物质的，客观的物质存在决定主观的思想意识。这一基本观点体现在新闻工作中，就是要求新闻报道必须坚持实事求是，一切从实际出发，把客观事实作为新闻的本源，真正做到依据现实生活、依据物质存在、依据客观事实来反映和报道新闻。

新闻活动要辩证地观察、分析、反映和报道事物，既要看到事物的正面，又要看到事物的反面；既要看到成绩、经验，又要看到问题、教训；既要歌颂光明，又要揭露黑暗。防止用孤立、简单、片面的方法看待事物，同时善于以历史的、发展的眼光去观察、分析、反映和报道事物。注意把事物放在历史发展的过程中去分析它的过往历史、现在状况和发展趋势，摒弃简单、静止、僵化的思维和报道方法。

1. 新闻真实是具体真实与总体真实的统一

（1）具体真实

"具体真实"是指新闻报道对具体的客观事实做真实的反映。也就是说新闻报道中所报道的事实必须准确无误，新闻事实发生的时间、地点、人物，事件的原因、过程、结果，以及新闻中所用的数字、资料和细节描写，比如环境，人物的思想、语言、行为等都必须完全与实际情况相符合。

第一，新闻的六要素要齐备。在新闻报道的六要素中，时间、地点、人物、事件等要素的真实性较易把握，而对新闻事实发生的原因及结果的概括方面往往容易失实。这就要求新闻工作者必须不断提高自己的观察能力和认识能力，力求对事件发生原因和结果做出真实客观的判断。

第二，新闻事实发生的环境、过程、细节，人物的语言、行为必须真实。在这几个要素里面，最容易出问题的就是关于细节的描述。绝大多数新闻报道都是记者事后通过采访而写成的，许多新闻细节并非记者耳闻目睹，他们往往采用"合理想象"完成新闻作品。因此，新闻报道容易出现因抽象细节、夸大细节而造成新闻失实现象。因此，必须认真采访，让新闻细节尽量贴近事件真实。

（2）总体真实

"总体真实"是指在具体真实的基础上反映客观事物的运动变化过程和客观事物的普遍联系，揭示客观事物相互联系和发展中存在的内部规律性。

第一，新闻报道中概括性事实要真实。新闻除了报道某一具体事实外，有时还要对涉及这一事件的大量相关事实、社会背景、时代背景进行综合和概括。对这些概括性事实，同样要求做到真实、准确、全面、客观、符合实际，不能以点带面，以偏概全。

第二，新闻报道的事实与该事实所反映的总体事实要符合。新闻报道要达到完全真实，仅仅做到具体事实及概括性事实真实准确是不够的。在新闻报道中还要力求具体的、局部的真实与整体的真实或者本质的真实结合起来；要善于挖掘事物内在的、深层次的东西，从事物的联系中把握新闻事实。

新闻真实包含具体真实和总体真实的双重含义。客观事物具有相对静止的属性，因此，客观事物之间才有了区别，才有了千千万万不同事物的具体形态，这种具体形态构成了一个个具体客观事实。新闻在反映某个具体的事实时，必须做到完全真实，这就是新闻具体真实的含义，也是构成新闻总体真实的基础。但是，相对静止只是事物运动的一种特殊状态，运动才是物质的根本属性。如果新闻只停留在对事物处于相对静止状态的认识和反映，即停留在具体真实之上，而不是对客观事物运动发展全过程进行真实的反映，那么，这样的认识和反映就会落后于事物的发展，只会是时过境迁的"旧闻"。因此，新闻报道要真实地反映客观事物的运动变化过程，这是新闻总体真实第一个层面上的含义。此外，由于客观事物之间存在着普遍的联系，正如辩证唯物主义所揭示的那样，联系无处不在，无时不在。因此，为了更全面、更准确地报道新闻事件，新闻工作者要真实地反映客观事物的普遍联系，揭示客观事物相互联系中所存在的内部规律，这是新闻总体真实第二个层面上的含义。

在新闻的具体真实与总体真实之间，具体真实是新闻真实性的最低要求，总体真实是新闻真实性的较高要求；具体真实对总体真实起保障和制约作用，总体真实对具体真实起升华和指导作用。在互联网时代，每天传播的新闻信息车载斗量，有意无意传播虚假信息非只一二例，有些报道还造成了严重的社会恶果。因此，新闻报道不仅要确保具体新闻事件本身的真实，还要保证新闻报道符合事实整体的发展情况，符合整个社会的发展趋势。

2. 新闻真实是微观真实和宏观真实的统一

对单篇新闻作品来说，不仅要确保个别事实的准确无误，做到具体真实，还要求在事实的总体和相互联系上也符合客观实际，力求总体真实。对新闻媒体来说，首先要做到每篇新闻真实可信，但每篇新闻真实未必等于真实地反映了整个现实世界。所以，还必须对实际情况做全面、客观的正确估计，通过控制报道量和连续报道等方式，做到宏观真实。

社会是一个整体的社会，新闻报道的基本任务之一就是要通过报道新闻，将社会的整体画面呈现在人们眼前，使人们认识社会、了解社会。新闻报道对事物进行客观真实的报道，是符合真实性原则的，但是如果单篇新闻报道仅仅从事物的某一方面进行报道，则难免忽略了其他方面，这样就在微观上属实而在宏观上失真。新闻报道的真实性应该是微观真实与宏观真实的辩证统一。如果新闻报道忽视生活的主流，过多地展示那些非主流的微观真实，则会掩盖甚至歪曲宏观真实。

3. 新闻真实是现象真实与本质真实的统一

现象是事物的外部联系和表面特征，能被直接感知。现象反映的是事物的个别性的范畴。本质则是事物的根本性质，是构成事物各要素之间的内在联系，它反映事物的一般性或普遍性的范畴。本质总要通过现象表现出来。人们只有通过对大量现象的分析研究才能发现和揭示事物的本质。新闻事实也是一样，要防止个别假象掩盖本质真实。现象包括真相和假象两种。真相能从一个方面体现事物的本质，而假象则是本质在特定条件下的一种虚假表现。

4. 新闻真实是事件真实与表述真实的统一

新闻是关于事实的报道，这就存在如何表述的问题。报什么、不报什么，报多还是报少，什么时候报，以何种方式、从哪个角度报，怎样表述，体现什么意图，都有讲究，具有强烈的阶级性、政治性和主观倾向性。新闻的倾向性就体现在事件表述之中，有时表现隐蔽，有时表现直接。

要做到事件真实与表述真实的有机统一，必须做到以下几点：

（1）确保事件真实

事件真实是新闻真实的前提，是表述真实、引发思想、体现意图的基础。这就要求记者必须深入新闻现场，扎实采访，"在事实发生的场所、环境和演变过程三个方面都达到保真度"，"每个细微之处都没有虚假"。人民日报社原总编辑范敬宜曾经在中国人民大学新闻学院向学生们讲了一堂"新闻要用事实说话"的课，他指出："用事实说话——这是新闻工作的最基本方法。新闻靠事实影响读者，新闻的本源是事实。新闻工作者的最主要基本功就是要用事实说话。"

（2）增强记者的表述能力

有些记者尽管采访是扎实的，但由于认识和理解能力不强，或因为政策水平和知识有限，写出的新闻报道要么与真实发生偏离，要么出现这样或那样的表述错误。这就要求记者不断提高自己的表述能力，完整准确地把事实表述出来。

（3）切忌"合理想象"

新闻报道反映新闻事实，务必杜绝任意想象和随意生发。不能把作者的主观愿望强加于事实本身，不能将自己的"合理想象"作为人物心理描写的依据，不能凭空对事实进行添枝加叶或移花接木。

（4）替谁说话有讲究

新闻具有阶级性。比如，一些媒体喜欢引用外国媒体的新闻信息，跟着别人赞扬或批评某人某事，这是不合适的。

（二）坚持新闻真实性的意义

坚持新闻的真实性，对新闻机构和新闻工作者来说，不仅仅是一个职业精神和职业道德的问题，更重要的是，它是坚持正确舆论导向、提高舆论引导能力的客观要求，是社会保持安定团结、积极向上的政治局面的重要保证，对于推动中国特色社会主义现代化建设、构建和谐社会具有至关重要的意义。

1. 新闻的真实性，关乎正确舆论导向

真实是舆论导向的基本前提，离开真实，舆论导向正确就成了一句空话。正确的舆论导向应该建立在真实的新闻报道基础上，建立在杜绝虚假新闻和失实报道基础上。虚假新闻和失实报道不但不能起到正确舆论导向作用，反而会因为错误舆论误导而造成不良的社会影响。同时，新闻媒体还承担着为政府决策提供参考和民意表达的责任，是政府了解社情民意的重要途径。报道真实可靠的信息是提供正确的参考，报道虚假不实的信息是提供错误的参考。

2. 新闻的真实性，关乎新闻媒体本身的权威性和公信力

新闻报道是否真实，直接影响媒体的权威性和公信力，而媒体的权威性和公信力，决定着媒体的影响力和引导力。新闻媒体对新闻报道真实性的不懈追求，是赢得公信力和尊重的基础，那些得到受众欢迎的媒体，都是因为坚持新闻真实性原则，坚持"三贴近"原则，在对新闻事件真实客观的报道中提高了知名度，赢得了受众信任，从而树立起权威性，提高了公信力。

真实是对新闻的最基本的要求，而虚假新闻则是新闻的大敌。虚假新闻不仅干扰了正常的社会和经济生活，还会严重损害媒体的公信力和威信。新闻媒体不仅有着反映事实的作用，更要发挥引导舆论的作用。一个媒体发布的消息，可能在很短的时间被很多家媒体转载，未经核实的消息一旦发布就覆水难收，这对新闻报道的真实性、对媒体自身的公信力都具有很大的负面影响。

3. 新闻的真实性，还关乎新闻工作者的个人信誉

媒体的引导功能是通过具体的人来实现的，编辑记者是新闻媒体的主体，编辑记者素质的高低决定媒体和新闻报道水平的高低，决定媒体公信力、影响力和引导力的大小。新闻记者代表着社会的良知，承担着社会守望者的职责，因此，也会受到人们的尊敬和信任。但是如果私心作祟，为了一己私利，发布甚至编造虚假新闻，其个人诚信度必然大打折扣，甚至被公众唾弃。

新闻因记者在现场而真实，记者因新闻在现场才存在。真实是新闻的生命，追求新闻的真实是记者永远的使命，是记者要遵循的最基本的原则。为了探寻事实真相，每天都有记者奔波在路上，因为只有贴近实际、贴近生活、贴近群众，才可能发现事实真相。"真实是新闻的生命"，这是许多新闻专业的学生在大学里听老师常常提起的一句话，可是在从事新闻工作多年以后，大家或许才能真正体会到这看似简单的一句话，实践起来并不是一件容易的事，真正做到这一点，必须付出很多的努力。

（三）新闻失实的原因及对策

既然真实性对于新闻报道的意义如此重要和显而易见，那么新闻界为何还要再三呼吁，坚持新闻的真实性？理论界为何还要坚持不懈地从理论和实践两方面深入研究这个问题呢？这是因为有些虚假报道事件已造成严重的社会后果，甚至触犯刑律。

1. 新闻失实的原因

失实的新闻造成的影响极坏，它直接破坏新闻媒体的信誉，引起观众、听众、读者的不满。如何防止和消除失实新闻？首先要找到导致新闻失实现象出现的原因，对症下药。

（1）媒体竞争激烈。进入21世纪以来，全国的媒体数量急剧增加，同质竞争、同城竞争更加激烈。为了争夺受众，扩大发行量，提高收视（听）率，吸引更多的广告，几乎没有一家媒体不想抢首发重大新闻、独家新闻和可读性强的新闻，这给虚假新闻的出笼提供了可乘之机。出于利益驱动，一些记者编辑选择新闻的标准不是其社会价值和现实意义，而仅仅是为了满足某些受众的心理需要，以迎合"宁求其怪不求其真"的心态。为了追求所谓的轰动效应，抢夺第一手独家新闻，制假者乐此不疲地去猎奇、追逐耸人听闻的消息，目的就是为了竭尽所能吸引更多受众的眼球，攫取更大的经济效益。

（2）经济利益和沽名钓誉驱使。为片面追求娱乐性、轰动性，一些媒体不惜牺牲新闻的真实性原则，将一桩小事炒作成热点，甚至将并未发生过的事描述得活灵活现。另一方面，一些记者编辑为了能够获奖，提高个人地位和声誉，想方设法修改自己的作品。

（3）媒体素质和行业管理缺陷。近几年，随着我国新闻事业的快速发展，各类媒体为了更加及时、准确、全面地获取新闻，招收了大量新人扩充到新闻采编队伍中来，其中许多人并不十分了解新闻传播的各种基本操作规范，有的甚至缺乏最基本的常识性知识，当然就谈不上具有更高层次的马克思主义新闻观，记者职业素养、职业精神和职业道德了，使得庞杂而混乱的新闻采编队伍职业道德水准整体下滑。此外，现在越来越多的编辑记者是没有编制的聘用人员，他们大多在现行的管理机制下承担着大量的工作任务，其收入与发稿数量直接挂钩，因而他们每天思考最多的是如何使出浑身解数多出稿、出重大新闻、出独家报道，为了追求最大化的"轰动效应"，从而违背了最基本的新闻职业道德准则，成为虚假新闻的制造者。

2. 新闻失实的对策

新闻失实损害新闻工作者和媒体的形象，降低媒体的公信力，是新闻的大敌。作为新闻工作者和新闻媒体，只有如实客观地报道事实，充分地满足人民大众获取各种真实新闻信息的需要，才能得到人民的认可和欢迎，才能体现新闻的价值和意义。严厉查处虚假新闻，严把新闻真实性这道关，并以此带动新闻队伍建设，是党和人民的要求，也是保证新闻事业健康发展的要求。防止新闻失实要从以下几个方面着手。

（1）加强新闻工作者的政治理论和职业道德教育。首先，要坚持马克思主义新闻观教育。加强马克思主义新闻观及辩证唯物主义观教育，是提高新闻工作者政治思想素质、确保新闻真实性的一条根本途径。新闻机构要积极引导新闻从业人员不断增强政治意识、责任意识，牢固树立全心全意为人民服务的思想，坚持新闻真实性原则，正确处理好事物之间的辩证关系，坚决杜绝虚假新闻的产生。其次，要坚持经常性的职业道德教育。新闻职业道德最基本一项要求，就是坚持新闻的客观真实性。要坚持新闻的客观真实性，前提是必须遵守新闻的职业道德。所以，有针对性地对新闻工作者进行经常性的职业道德教育，不断提升其道德素质和业务素质修养，使他们切实认识到虚假新闻的危害，从而站在对党、对人民、对社会高度负责的立场，真正提高坚持新闻真实性原则的自觉性。

（2）高度重视对新闻事实的调查研究工作。世界是复杂多样和丰富多彩的，新闻记者要想及时、准确、生动地反映事实，就必须深入采访现场，进行细致的调查研究。调查研究需要做到"四到"，即脚到、眼到、耳到、心到。特别是深入新闻发生现场后，要多用眼睛挖掘细节，多听不同方面的意见，防止以偏概全。随后，认真整理第一手新闻素材，用心分析、归纳、综合，得出客观的结论，这是坚持新闻报道真实性的重要途径。

（3）建立健全新闻管理制度。若想不断提升新闻报道的舆论引导能力，新闻媒体单位必须严于律己，切实加强自身建设，采取有效可行的措施，不给制造和传播虚假新闻者以可乘之机，坚决捍卫新闻的真实性。首先，要强化内部管理。规范采编工作流程，建立和完善严格的稿件审签制度，以管理制度来约束新闻从业人员的行为，确保他们在采写新闻报道过程中，始终坚持真实、全面、客观、公正的原则，保证新闻事实准确无误。同时，新闻媒体要严格执行关于社会自由来稿及互联网信息使用等管理规定，认真核实，严格审批，不得刊播、转载、转摘未经核实的来稿；其次，要与时俱进。新闻单位要不断研究新闻工作新形势、新问题，探索新机制，采取新举措，要让那些以蓄意制造假新闻谋名谋利者不敢造假，不能造；最后，要把新闻工作纪律提到重要议程。各新闻媒体均应建立重大失误责任追究制度，做到有错必改、有责必究。

（4）加大监管力度。防止新闻失实，除了新闻媒体自身要加强制度建设外，政府相关管理部门也要切实履行职责，不断健全、完善对媒体的监督、管理机制，以此来规范、制约媒体的行为。对蓄意炮制和炒作虚假新闻，造成恶劣社会影响、损害国家形象和群众利益的，要按照党纪政纪给予相关责任人严肃处理；新闻媒体因疏于管理刊播虚假新闻，造成恶劣社会影响和严重后果的，要追究单位负责人责任。

总之，坚持新闻的真实性，是党的新闻工作的基本原则，是新闻界的优良传统，也是新闻工作者安身立命之本。

二、新闻的时限性

"真实"是新闻的第一生命，而"时限"则是新闻的第二生命，并构成新闻的重要特征。

所谓新闻的时限性，是指新闻事实的发生或发现与新闻报道之间的时间差，它构成新闻事实传播的价值限度。新闻报道超过这一限度，新闻事实将变得陈旧，失去应有的社会意义。新闻学者徐宝璜早在 1919 年就提出："新闻如鲜鱼，登载稍迟其价值不失亦损。"①

新闻要反映新的事实、新的情况、新的形势，即使是非事件性新闻，也要反映新经验、新人物、新动向、新变化、新问题。可以说，"新鲜"是新闻事实的基本特征，是新闻报道区别于其他宣传内容的标志。要做到新闻事实的新鲜，必须在事实发生后于新鲜保质期内，以最快的速度把新闻事实传播出去。

但是，新闻报道还要做到准确无误，其中就包括对新闻事实发生的时间做准确说明，并注明事实发生的具体时间，按照事实特有的时空界限把握其变化。从社会角度分析，时间是个社会范畴，几乎所有的人，都对时间刻度、时间长度和时间顺延性具有共同的感受。因为时间不仅是自然的产物，也是人类社会的集体意识。人们长期用标志、符号、仪式活动来认识时间，时间也以这些形式把社会构成一个连贯的整体，形成特定的社会节奏。新闻报道在有限的时间内，用特定的时间注明新闻事实发生的空间，使人们同时感到社会事件的内在联系，以及如何理解这一事件。新闻标明新闻事实的时间刻度越精确，越容易表现新闻在社会时间与空间共同限定中的具体位置，由此甚至可以推断新闻发生甚至于发展的必然性。新闻反映新的事实要做到快速且准确无误，新闻的时限性是必须遵循的铁律，具体来说，应该注意到以下问题。

（1）时间具有无限性和有限性。任何一个社会事件或典型事物，都是无限时间中所发生、发展的一幕。新闻传播者对新闻事实的选择与加工要在无限时间的长河中寻找有限时间。面对社会变动，记者应当考虑所采访的事件是从何时开端，又延续了多长时间，是否到了一定时间的终点。所以，新闻报道者的活动应当在时间无限延伸的轴线上找到一个时间变量，截取有限时间来表明所报道内容的时量。这个时量，如果能够准确地显露出事物的长短，就会使新闻具有明确的空间性。

---

① 徐宝璜. 新闻学［M］. 北京：中国人民大学出版社，1994：25.

（2）时间具有不可逆转性。时间始终在刻板地、机械地、冷酷地向前流动，其先后次序是个永久性序列。新闻事实按照时间的不可逆性发生、发展、变化，新闻事实中具体事项的转瞬即逝且不可逆转，即新闻事实在时间的走向性中被限定，而时间的走向性又决定了事态的发展总是从过去经过现在，并走向未来。新闻事实的选择只有按照这一顺序，才能再现客观事实的真相。

（3）时间具有间断性。时间的间断性是人们所领悟到的一种特殊的时界感，也是指事物运动的相对间隔。时间的间断性是以时刻体现出来的。新闻不仅要注明何年何月何日何时，而且也要告诉人们新闻事实的渐进或结束又是何年何月何日何时。

如此看来，决定新闻时限的内核，是事实本身在历史的长河中保持新质的时间长度，也即事实由新变旧的短暂过程。在"新"消失之前就报道该类事实，足以使新闻具有特定的吸引力；时限一过，吸引力便不复存在。所以，人们常说新闻是"易碎品"、新闻记者应该"抓活鱼"等，都比较确切地注意到了新闻的时限性特征。随着时间的顺时绵延，新闻中所揭示的事实从"新"转化为"旧"，只有用更新的东西代替它才能具有新闻的含义。新闻的总体是常新的，而就每则具体的新闻来说，则是易逝的，但正因为个体新闻的易逝，才有了总体新闻的常新。同时，新闻媒介只有不断以新代陈，才能使新闻报道永葆"青春"活力。

新闻时限性随着科学技术的进步，愈来愈显示出重要意义。从近现代新闻事业的发展可以看出，科学技术的发展速度，不仅对新闻信息的传播速度有相应制约，而且对媒介种类与媒介形态的变化，也产生较大影响。以印刷媒介为例，报纸的前身是手抄新闻，不定期的活页小报、小册子，新闻书，定期的年鉴、月报、旬刊、周报，到了17世纪中叶，才定型为日报。报纸出版发行周期的缩短、新闻传播速度的加快、新闻时限性的加强等，既随时代的发展而进一步强化，也随科学技术发展所带来的交通的便利、印刷术的提高、通信技术的发达等一并提高与强化。及至电子时代，电子技术不仅充当传播手段，同时还用来排版、印刷，为提高新闻的时限性创造了有利的物质条件。当今世界，如果某地发生一件新闻，只需几分钟就能传遍全球，新闻事实的"寿命"缩短到惊人的程度，报道一旦迟缓将面临没有新闻可报的境地。当下的互联网时代，这种"全球一村"的传播竞争态势要求新闻界内部亟须缩短时限以应付激烈的挑战，同时，也使新闻工作者承担更加艰巨的任务。

尽管新闻传播实践对时限性的要求越来越高，但新闻报道还得注意时宜性问题，即何种新闻事实在何时传播比较合适，往往是大有讲究的，不合时宜的新闻报道的传播效果会适得其反。

三、新闻的倾向性

在一般情况下，新闻都或多或少地表现出一定的倾向性。所谓倾向性是指新闻传播者通过对新闻事实的报道与评论显现出来的思想倾向。同一个新闻事实被不同新闻媒介所报道，它的内容及表现方式总有许多不同与差异，这是新闻具有倾向性的最常见的例子。

新闻是由具体的新闻记者、新闻编辑经过采访、选择、写作和加工而传播的。每个传播者不可能不带有自己的理解和态度甚至是立场来报道或评论具体的新闻事实。各种事实被新闻传播者采访、选择并制作成新闻之后，就自然披上了一定的主观色彩。有时候，新闻传播者甚至会利用新闻的"客观、公正、平衡"的外形，将一定的主观倾向巧妙地掩饰起来。

美国哥伦比亚大学教授梅尔文·门彻在《新闻报道与写作》一书中说："虽然记者希望就新闻做出的决定是客观的、非个人化的，但天量新闻仍然建立在选择的基础上，而选择是一件相当个人化的事情。选择源于记者的专业背景，他或她所受的教育，及来自家庭、朋友、同事的无形影响。当我们在新闻的决定因素中寻找绝对因素时，更让人难以捉摸的是：这些决定来源于野心和良心相互争斗的竞技场。"①

这里所说的"争斗"，是指不同立场的记者个人之间思想的对立和较量。每个记者都有自己的思想追求，同时，又和社会的各种思想遥相呼应，所以，拥有不同立场的记者所反映的观点就很难做到完全相同，他们对同一件事实的选择和评价，都会将自己独有的愿望注入新闻报道。在通常情况下，新闻的倾向性主要表现为政治倾向性、指导倾向性和趣味倾向性。就一般情况而言，政治新闻具有政治倾向，重要的经济新闻和社会新闻又不断发挥指导性作用，而大多数知识性、娱乐性新闻也具有趣味性。

（一）新闻的政治倾向性

政治新闻通常会考虑到现实需要，着眼于报道者或被报道者的政治利益得失，并以此决定事实的取舍。正如恩格斯所说："绝对放弃政治是不可能的；主张放弃政治的一切报纸也在从事政治。问题只在于怎样从事政治和从事什么样的政治。"②

新闻报道的政治倾向性及其所反映的阶级利益，是新闻的本质属性。不同国家、社会、阶级、经济与政治集团虽然有不同的观点和认识，但由于历史和现实的共同生活原则和共同交往方式，在其伦理道德、思想意识、审美标准等方面也有许多相同之处，即使站

---

① 梅尔文·门彻. 新闻报道与写作 [M]. 展江，译. 北京：华夏出版社，2003：97.

② 中央编译局. 马克思恩格斯全集（第17卷）[M]. 北京：人民出版社，2008：449.

在不同立场的新闻发布机构，在一定条件下也可能对同一个事件持有一致的态度，同时，他们表达新闻事实的方式，又总是把他们态度中的细微差别以及一种明显的倾向提供给不同的受众。因此，那些"据实以报"的新闻对不同阶级和政治立场的读者或听众来说，都会产生各自不同的受益，接受者总是根据这些倾向性做出自己的分析。如果将这些报道整合在一起，就有可能给受众全面、深刻地认识这一事件提供一种认知模式。

（二）新闻的指导倾向性

新闻的指导倾向性，是指有关人们日常的经济生活、政治生活和多种社会交往活动的新闻，对人们认识错综复杂的社会现象方面，能够起到正确的引导性作用。新闻的指导倾向性几乎存在于一切新闻之中。

新闻的指导倾向性同新闻报道的目的性密切相关，并以目的性为基础。传播任何新闻都要有目的，或者说，要有明确的报道目标，即受众能从所报道的新闻中得到什么。因此，任何一条新闻都应该有"为"而发，而且应该有"利"而发。这里所说的"有为"和"有利"，就包含着指导倾向性问题。新闻报道引导人们关心社会生活的方方面面，这是新闻发挥指导性的普遍现象。具体到我国的新闻实践活动中，新闻的指导倾向性包括以下几个方面：

1. 论证。新闻媒介经常用典型的、新鲜的、生动的实例来论证执政党的路线、方针、政策的正确性、合理性、可行性，从而使广大受众坚定信念，增强贯彻、落实执政党的路线、方针、政策的自觉性。

2. 启发。新闻媒介通过介绍先进的、最具有普遍意义的工作经验与措施，从而给社会实践主体新的启发，用以指导他们结合实际开创新的生活、生产工作新局面。

3. 解释。新闻媒介对于已发生的或正在发生的一些有关国计民生的重大事件和社会焦点问题进行分析、评价，以分清问题的是非曲直、利害得失、荣辱善恶，阐述它对社会多方面的影响，从而指导人们正确地认识事物，并作为采取进一步行动的决策参考。

4. 预测。新闻媒介对某一社会领域的相关情况进行分析、概括，并通过其变动或变化规律的探寻，预测社会或某一方面、某一行业的未来发展趋势。

（三）新闻的趣味倾向性

那些充满趣味性、异常性的新闻，其倾向性往往表现为对新闻事实特定的情感倾向。人类兴趣表现为对一些显赫事件所产生的吸引力的高度关注并产生强烈的情感反应。但人类兴趣并非都具有共同性，从人口社会学角度来看，不同的性别、年龄、受教育程度、政治经济地位、宗教信仰、社团组织、职业等，影响和决定着每个人的兴趣爱好也各异。因此，同一新闻事实对不同的记者来说，可能会以不同的趣味倾向性进行报道，使不同层面的受众获得各自的感受。然而，作为一定"圈""层""群"的受众，总会对其他人的生活和命运产生某种同情心和关注感。这种兴趣，通常包括日常生活中发生的两种极端的事实，即令人高兴或忧虑的事情。新闻传播者将趣味倾向性融入新闻事实的报道当中，就可能使受众也产生相应的情感趣味。但无论如何，新闻传播者一方面不能把所有趣味都视为高雅的趣味，另一方面，还要以自身健康的趣味来取舍新闻事实，报道新闻事实，并确信新闻的趣味倾向性始终应使人类获得自我完善的美感和无穷的向上力量。

（四）确定新闻倾向性的标准

新闻的倾向性取决于新闻事实的报道和对新闻事实的评论。所有对社会负责任的新闻媒体或新闻传播者个体，都应当在新闻中表达正确的倾向，用正确思想去引导公众。因此，新闻工作者报道和评价新闻事实必须站在公众立场上，使新闻报道成为推动历史前进的力量。

在报道和评价新闻事实当中，坚持下述标准已经成为中国新闻界所公认的准则。

1. 新闻报道充分反映人民群众的伟大精神面貌，把先进思想和先进人物的范例变成广大群众共同的精神财富，使其在群众中产生精神和物质作用。

2. 新闻报道要不断满足人民了解世界变化的需要，以反映人民的心声和愿望为基本要求。要敢于向人们说真话，维护人民的最大利益。但凡人民需要知道的实情，都应真实的报道，并做出实事求是地分析。从一定意义上来说，新闻对党和人民的意志、要求、情绪反映得越充分，新闻的倾向性就越接近人民大众的立场。

3. 新闻报道要反映现实生活的主流与本质，抓住现实生活中主要的关键性问题，对事实进行准确、深刻的判断、推理和分析，便于受众调整自己以适应社会的发展。

四、新闻的公开性

新闻的公开性有两层含义：一是指新闻信息的内容是可以公开的；二是指新闻信息应该以公开的方式传播给公众。

新闻信息的内容可以公开，是指它非个人隐私，非国家机构的情报、机密，必须面向尽可能多的广大受众，以求实现尽可能充分的信息共享。一则新闻传播的范围越广，受众人数越多，它本身所能发挥的作用也就越大。如果新闻不是公开传播，那么，它也就不是新闻了。

新闻是一种报章文体，报纸、广播、电视等大众传媒都属于社会的公共领域、公共空间，所以，它是引导读者获得公众身份的一个载体，只有把新闻公开，才可能带来公众对公共事务的参与、讨论与监督。

20世纪60年代，作为法兰克福学派的最后一位批判理论家，哈贝马斯在其著作《公共领域的结构转型》中开创性地提出了"公共领域"的概念。也正是在那个年代，一场以"后现代主义"为名的文化和思想运动也开始在西方学术界开展起来。

哈贝马斯认为：国家和社会之间可以存在一个公共空间，市民们假定可以在这个空间中自由地发表言论，不受国家的干涉，这便是"公共领域"。他认为，"公共领域"是大众传媒运作的空间之一，大众传媒自身就是公共领域的一部分。正如莫利所说，公共领域的体制，其核心是由报纸及其后来大众传媒放大的交流网组成的。也就是说，大众传播媒介在其功能上还应该有提供公共交流平台的作用，在这个平台上，不受国家权力机关把持，不受个人垄断控制，是十分理想化的中间力量。

在中国新时代的社会建设和发展中，大众传播媒介作为"公共领域"的一部分，为受众提供一个公开的意见交流平台十分必要。大众传播媒介实行"公共领域"的功能是实现民主法治、人与自然和谐相处的重要策略之一。

根据哈贝马斯关于"公共领域"和媒介关系的论述，公共生活（包括政治活动要素）正日益被媒体公开报道，这些内容的来源和媒体传播都具有公开性、权威性、距离感。

新闻之所以具有公开性，有两个主要原因：

1. 既然新闻是对重要事情的报道，而重要的事情由于它的影响力会波及广大受众，那么对这些事情人们就有权利了解，这就是公众的知情权。公众知情权必然要求信息具备较高的透明度，因为新闻必须是对重要事情的公开报道。如果新闻不具备公开性，则受众一方肯定不会积极参与到传播活动中来。

2. 新闻陈述的是关于事情的信息，而信息具有共享性，即它的价值就在于使用的人越多越好。因此，新闻必然会追求最大的流通面，凡是必然趋向于有较大流通面的信息肯定不会是秘密情报，而往往会以新闻的面目出现。

因此，新闻也就从它的信息本性中获得了公开性。

此外，提高新闻的公开性也是为了适应新闻竞争的需要。通信技术的高度现代化，拆除了人与人之间空间上的"篱笆"，缩短了事件与传播之间的时差，使世界变成了一个"地球村"，一处发生的重大事件，瞬间便会传遍全世界。这就要求新闻媒介充分意识到新闻的公开性特性。一则新闻你不报道，自有别家报道，你后报道人家就先报道，先报道的往往因其迅速的公开消息而赢得主动，即公开性在众多媒介的竞争中是一个重要的因素。新闻竞争在公开性方面的一个突出表现是追求尽可能大的覆盖面，它往往通过报纸的发行量、广播的收听率、电视的收视率、网页的点击率得以量化。通过这样的竞争，媒介一方面扩大自身的社会影响力度，一方面吸引广告商的注意，争取广告投放的经济效益。

新闻的公开性使新闻极易成为情报的来源，所以，新闻报道，尤其是对外报道在涉及重大的政治、经济、军事情况时，要特别慎重。同时，新闻媒介也不应追求对纯属个人隐私的曝光，以免造成对他人的伤害而引起负面的社会效应。

第三节　新闻要素及类别

一、新闻要素

新闻要素指新闻事实的主要构成因素。作为新闻构成的基本成分，又称新闻五要素或新闻的五个"W"。在新闻报道历史上，新闻要素是在 19 世纪 80 年代由西方新闻界首先提出，一般包括何时（When）、何地（Where）、何人（Who）、何事（What）、何故（Why），这五个要素的英文开头字母都是 W，故通称五个"W"，即所谓"新闻五要素"。后来增加了一个要素，即如何（How）。1898 年，美联社主编 M. E. 斯通提出，新闻中要回答五个 W 和一个 H，用英文字母简称"5W1H"，由此又有新闻六要素之说。1913 年，由广学会翻译出版美国新闻学家休曼所著《实用新闻学》，其中所提及的新闻五要素随即被介绍到我国。

新闻要素也被视为新闻的重点记叙要素：时间、地点、人物、事件的起因、经过、结果。

"新闻五要素"或"新闻六要素"说法的出现，也是电信新技术应用于新闻信息传播的结果。由于当时电信技术应用还在不断完善，新闻编辑部不得不指令新闻记者把五个"W"或五个"W"和一个"H"写进新闻的第一段，即新闻导语中。如果电文在发出和接收过程中出现故障，只要收到电讯的第一段就等于收到一条新闻的大意。延续到后来，新闻要素逐步演变成新闻写作的重要原则。

新闻要素在新闻实践中意义重大。在新闻信息的采集阶段，因新闻要素高度概括了新闻事实、事态、事件本身存在的客观联系，对新闻记者在新闻采访中迅速收集到有效的信息有现实的指导意义。

在新闻信息的加工阶段，新闻要素是记者写导语的核心素材。导语是以简练而准确的文字介绍或陈述新闻事实中最重要的内容，揭示消息的主题并能引起接受者"阅读"兴趣的开头部分。在新闻导语中对新闻要素的有序使用和有机陈列，既显示记者对新闻事实的全方位把握，同时，也是其新闻写作水平高下的界标。

在新闻信息的接受阶段，新闻接受者通过对新闻六要素的把握，可以迅速地了解新闻事实的主要内容。尤其是对于每天接触海量信息的现代人，快速筛选有用信息，提高新闻接受效率，无疑是有帮助的。

需要说明的是，在对新闻要素进行分析的过程中，判断哪个要素最为关键并无固定和绝对的标准。在一般情况下，新闻要素中的重要项既与新闻传播者和接受者对新闻事实的认识有关，也与各个新闻要素的信息含量多寡或价值大小有关。

二、新闻类别

新闻类别指对新闻报道按照一定的标准所进行的分类，因为分类标准不同，新闻类别也有不同的划分结果：

1. 以新闻内容进行分类，可以将新闻报道分为时政新闻、经济新闻、科教文卫新闻、法制新闻、社会新闻、民生新闻、娱乐新闻、体育新闻、军事新闻等。

2. 以新闻事实发生的地域和范围分类，可以将新闻报道分为国际新闻、国内新闻，或国际新闻、全国新闻、地方新闻。

3. 以新闻事实发生与发现的时间性分类，可以分为突发性新闻和延缓性新闻。所谓突发性新闻是对突然爆发而出乎人们预料的事件的报道，如地震、海啸、空难、火灾等无法预估的自然灾害，突发的战争及政局变动等。延缓性新闻是对逐步发生或发展变化的新闻事实或可预测的新闻事实的报道，如气候渐渐变暖、经济走势日趋平稳等。

4. 以新闻事实自身的特点分类，可将新闻报道分为事件性新闻与非事件性新闻，单一性新闻与综合性新闻、动态性新闻与静态性新闻等。

5. 以新闻传播的手段分类，可以分为口头新闻、文字新闻、广播新闻、电视新闻、网络新闻等。

6. 以新闻报道的内容与受众的关系分类，可以分为硬新闻与软新闻。所谓硬新闻，是指密切关系到国计民生以及人们切身利益的新闻，包括国家重大方针政策、重大经济活动、疾病流行、重大灾害事故等，这类新闻为人们的政治、经济、文化工作，以及日常生活的决策提供现实依据，有较强的时效性要求；所谓软新闻，是指富有人情味、知识性、趣味性的新闻，这类新闻与人们的切身利益并无直接关联，主要向受众提供娱乐性信息，使其增长见识、开阔眼界、娱乐身心、陶冶情操等，或作为茶余饭后的谈资，并不特别讲求时效性。衡量硬新闻与软新闻的主要标准在于新闻事实的重要性及其所要求新闻报道的时效性。

第四节　新闻的价值实现

一、新闻价值的内涵

（一）新闻价值的定义

自新闻事业产生以来，新闻媒体就面临着这样的矛盾：一是无限的事实与有限的传播能力的矛盾。大千世界每时每刻都发生着无数的事实，但在一定的时间和空间中，新闻传播的渠道和容量却是有限的，因此，新闻媒体只能选择部分事实公开传播，这就有一个按什么标准选择事实的问题。随着传播技术的不断发展，即使是在新闻传播渠道和容量增加的情况下，新闻媒体也不可能"有闻必录"，而需要根据一定的标准对新闻事实进行选择；二是新闻媒体的选择怎样才能同社会与公众的需要相吻合，为他们所接受。新闻媒体的一个基本特征就是要面向社会与公众，要求争取尽可能多的受众作为自己的传播对象，以便获得生存和发展的条件。但是，受众的情况是复杂多样的，他们分属不同的阶级和阶层，社会地位、文化水平、性别、年龄和爱好等有较大差别，他们的需求又是多元的。在众口难调的情况下，新闻媒体只能挑选那些能满足社会与公众共同需要的事实进行传播，才能吸引更多的受众，发挥新闻媒体的影响力。新闻工作者根据长期工作实践所积累的经验，总结出选择什么样的事实才能成为新闻的具体标准，并将这些具体标准进行概括整理，逐渐形成据以衡量、取舍事实的新闻价值观。

1690 年，德国人托比亚斯·朴瑟提出判断新闻价值的标准。他认为，应该把那些值得记忆和知晓的事件，如新奇的征兆、怪异的事物、政府的更替、战争的发生与和平的实现等，单独挑选出来公开报道，以吸引读者。19 世纪 30 年代，在西方国家，大众化报纸蓬勃兴起，资产阶级新闻学者把新闻看作是能赚取利润的商品，因此，着力研究什么样的新闻最能吸引读者，并可能带来更多的利润。美国学者兰特·赫德总结了判断新闻价值的基本方法：死伤者众多、有名人出现、罕见的珍闻、非常可笑或可悲的事情。20 世纪初，西方国家的新闻工作者对新闻价值已初步形成共识，一些新闻学者对构成新闻价值的要素也进行了深入探讨。第二次世界大战前后，西方新闻价值观逐渐形成。

社会主义新闻价值观是以马克思主义新闻观为指导，吸收西方新闻价值理论的有益成果，密切联系新闻工作实际，经过不断探索研究而逐步形成的。我国关于新闻价值的定义有很多，归纳起来，主要有"素质说""标准说""功能说"和"源流说"四种。"素质说"认为，新闻价值是指事实包含的足以构成新闻的各种素质的总和。"标准说"认为，新闻价值是新闻工作者和新闻媒体用以衡量新闻的标准。"功能说"主张新闻价值是新闻传播后最终所能取得的社会效果。"源流说"把新闻价值分为"源"和"流"，即由新闻价值因素和新闻价值表现两方面构成。新闻价值因素指事实能成为新闻的一般因素。新闻价值表现包括三个方面：编辑、记者对事实的选定情况，受众对新闻的关注程度以及最终取得的社会效果。上述观点分别从不同角度对新闻价值内涵进行了分析，"素质说"主要强调新闻事实，"标准说"主要强调传播者，"功能说"主要强调受众，"源流说"把三者综合起来进行考察。这些观点分别具有一定的参考价值。

本书认为，新闻价值可以定义为事实所具有的、能满足社会与公众对新闻需要的要素的总和。

马克思认为："'价值'这个普遍的概念是从人们对待满足他们需要的外界物的关系中产生的。"马克思主义价值理论把价值看作是客体属性同满足主体需要之间的统一。新闻价值属于关系范畴，它是指社会与公众对新闻的需求同事实所具有的要素总和能够满足这种需求的统一。

新闻价值的本源是客观事实所具有的某些特征，这些特征是以能满足社会与公众需要的要素表现出来的。从表现来说，新闻价值通过受众的主观感受来体现，具有主观性，但任何主观感受都离不开客观事实，都是客观存在的反映。不同的受众各有所求，但也存在着共同的需要。无论是个人，还是政党、政府等社会组织，都希望在第一时间了解世界变化的最新动态，以趋利避害，决定行止，这就决定了对某一类"事实"的共同需求。对这些共同需求进行抽象概括，就形成了对新闻价值一般要素的理性认识。新闻价值一般要素是从社会与公众所需要的事实中概括出来的共性。

新闻价值的高低取决于社会与公众对新闻价值要素满足需要的程度的评价。一个事实发生了，它是否具有新闻价值？新闻价值有多大？对它的判断，首先要靠新闻工作者的预测。由于新闻报道在前，受众接受在后，新闻工作者的预测虽然是以过去长期积累的经验或对受众需要做过的调查为依据，但也不能完全保证预测的准确性。因此，社会与公众的评价尤为重要。只有当新闻工作者对新闻价值的预测同社会与公众的需要充分吻合时，新闻价值才能完美地实现。从这个意义上说，新闻价值的实现是由传播者和受众共同完成的。

（二）新闻价值的一般要素

1. 新鲜性

新鲜性有两层含义，一是指事实在时间上的"新近"，二是指事实在内容上的"新鲜"。事实发生的时间越近，新闻价值越高；内容越新，新闻价值也越高。新鲜性必不可少，但又是相对的。就时间上的"新"而言，电视、广播、网络等媒体可以做到"实时传播"，对"新"的要求比报纸和新闻期刊要高一些；内容上的"新"，是在不断变化的，今天的"新"，明天可能就成"旧"，而且它总是相对特定的传播背景而言，在某些地区已是比较成熟的经验，在其他地区又可能是具有新鲜性的新闻。

2. 重要性

重要性指事实所具有的社会意义和大多数人关注的重要程度，即事实具有涉及面广、影响力大的性质。一般说来，凡对自然环境和人类生活有重大影响、与人民群众利益紧密相关的事实都具有重要性。2022 年北京冬季奥林匹克运动会的举办、中国共产党第二十次全国代表大会的召开等事实，显然具有重要性。有些事实虽然不是什么"大事"，但由于和人民生活息息相关，影响面大，也具有重要性。比如，冰雪随气温升高而融化，本是普通自然现象，但是，北极的冰开始大面积消融，逐渐抬升海平面，影响到气候变化和人类生存，就成为人们普遍关心的事实，把它与公众利益相关联的有关景象和数据呈现出来，就成为有价值的新闻。

3. 显著性

显著性指事实能引起大多数人关注的程度。显著性同新闻事实涉及的人物、社会组织、地区的知名度有关。在实际生活中，那些与政界要人、商界名流、娱乐明星等公众人物相关的事实，一般具有显著性；同某些特殊的地点、建筑物或以往著名事件相联系的事实也具有显著性。显著性和重要性既有联系又有区别。一般说来，具有重要性的事实往往具有显著性，但具有显著性的事实不一定具有重要性。有关娱乐明星私生活的信息，虽然有些人感兴趣，具有一定的显著性，但对社会生活的总体而言，它的重要性就很小，甚至可以说没有什么社会意义。

4. 接近性

接近性指事实在地理上和心理上与受众接近的程度。接近性最常见的表现是地理上的接近，一个地方离自己或亲戚朋友工作和生活所在地越近，人们对该地的事实越是关注，因为这些事实对人们实际生活的影响更大。接近性的另一种含义是指心理上的接近，包括人们在年龄、性别、收入、职业、信仰、爱好、利益等方面的相近相似，具有心理接近因素的事实更能在社会类型相似的人群中引起共鸣。

5. 趣味性

趣味性的含义非常广，指新闻事件具有新奇、反常、巧合、感染性、有趣、怡情等性质，并有一定的感染力。趣味性基于人们的好奇心，以及追求乐趣和人情味的心理。

判断新闻事实是否具有新闻价值,在上述的五个要素中,新鲜性是必备的,其他要素可多可少。新闻事实具有的要素越多,所含要素的程度越高,新闻价值就越大,也就越能成为一条特别受人们关注的新闻。新闻价值所强调的"要素的总和",并不是各个一般要素的简单相加,而需要根据不同的事实,针对社会与公众的不同需求进行综合的衡量和判断。新闻价值一般是由多种价值要素构成的,每一种要素都有自己特殊的内涵,不能相互取代。同一事实往往兼具多种新闻价值要素,有的事实既具有重要性,又具有显著性和接近性,或既有显著性,又有趣味性。有的事实则同时兼具新鲜性、重要性、显著性、接近性和趣味性,新闻媒体可从不同的角度进行全方位的报道。但是,同一事实所包含的各种新闻价值要素的分量并不是一样的,因此,对这些新闻价值的一般要素应分清主次,不能等量齐观。

(三) 新闻价值的客观性

新闻价值的客观性主要表现在三个方面:首先,新闻事实及价值要素是客观的。新闻价值要素来源于事实,事实是什么性质,所报道的新闻就应当是什么性质,不能把主观意愿强加到事实上。其次,社会与受众的新闻需要具有客观性。社会与受众的需要是在社会生活和生产实践中产生的,不是来自空想。公众乐于接受的是蕴含新鲜、重要、显著、接近、趣味性质的事实,这是他们的客观需求。最后,社会与公众对新闻价值的检验是客观的。新闻价值最终要通过社会实践来检验,实践是检验新闻价值的"试金石"。新闻价值的大小取决于满足社会与公众需要的程度和取得的社会效果。

新闻价值的客观性要求新闻工作者在新闻实践中,要尊重客观事实,不能凭主观意愿或是屈从于某种压力,臆造或增减事实的新闻价值;要重视并努力满足社会与公众的客观需要;要认真听取受众的反馈意见,重视客观效果的检验,不断提高新闻报道的质量,增强报道的吸引力和影响力。

在现实生活中,违背新闻价值客观性的情况时有发生,主要表现为:把没有新闻价值的事实当作新闻来报道,任意拔高新闻价值中的某些要素,曲解新闻价值的某些要素。如少数媒体以低俗取悦受众,迎合猎奇和不健康心理,还有一些媒体热衷于报道阴暗面,用冷嘲热讽、"揭丑闻"来吸引眼球,而对真正有新闻价值的事实却漠不关心、视而不见。

新闻价值存在于客观事实之中,但对新闻价值的认识和判断却是新闻报道者的主观行为。从新闻报道的时序看,总是新闻报道在前,社会效果产生在后,在判断某一事实是否具有新闻价值或新闻价值的大小时,除了要看客观事实所包含的新闻价值要素外,还要看新闻媒体的政治立场和新闻工作者的政治水平、业务素质等因素。新闻工作者应当在正确反映客观事实的基础上,发挥主观能动性,力求实现新闻价值最大化。

在新闻工作实践中，由于对新闻价值的认识和判断不同，因而在报道同一事实时会出现较大差异，有时甚至相反。对新闻价值的判断是影响新闻报道的最重要的因素之一。当然，由于新闻媒体的性质、定位、接受对象、宣传重点、表现形式的不同，它们对新闻价值的判断也会存在较明显的差异。

新闻工作者对新闻价值的判断取决于自身的价值观和工作经验的积累，同时也基于对社会与公众的新闻需要的预估，而这种预估既有可能是正确的，也有可能存在偏差。新闻工作者虽然力求满足社会与公众对新闻价值的客观要求，但是由于报道者和受众所处的地位不同，在选择和反映事实时，对新闻价值的把握仍然可能出现差异。因此，当新闻工作者把新闻价值作为取舍、选择事实的标准时，一方面要重视事实中是否包含新闻价值的一般要素，各种要素的比重如何；另一方面要认真研究社会与公众的需要，力争做到两者最大限度的吻合。

对新闻价值的认识不能陷入唯心主义的泥潭，把它看作是可以随意揉捏的面团。同时，对新闻价值的把握又不能是机械的。在新闻传播活动中，根据新闻价值的大小决定对事实的取舍仅仅是其中一个重要的环节，新闻价值总要受到一定社会政治、经济和文化的制约。在综合判断新闻价值时，不能孤立地注意其信息价值，还应充分注意其宣传价值和文化教育价值。

二、新闻价值的实现

（一）构建新闻价值最大化评价标准体系

著名价值哲学研究者王玉梁先生提出："价值是客体对主体的效应。客体对社会主体发展和完善的效应，是评价客体价值的最高标准。价值的大小就是作用、效用的大小。"新闻价值主体指的是新闻传播过程中的双重主体——传播主体和接受主体，就是新闻传播者和受众；新闻价值客体指与传播主体或接受主体确立了价值关系的新闻事实或新闻文本。"效应价值论"是新闻价值最大化理论的基础，新闻效应越大意味着新闻价值越大。新闻价值实现的层次有三个：表层新闻价值、内层新闻价值、深层新闻价值，而三层一体得全值。追求新闻价值最大化应重点考虑新闻给自身带来的社会效益和经济效益。

追求新闻价值最大化至少要解决四个问题：是否找到了传媒自身标准里最有价值的新闻？新闻资源是否得到最大限度的开发利用？新闻的传播方式是否充分表现了新闻价值？新闻通过传播是否达到应有的效应？

发现、开发最有价值的新闻。

追求新闻价值最大化离不开最有价值的新闻。新闻报道要追求那种"哥伦布式的发现"和"麦哲伦式的发现"。

第一层面是新闻的首度发现。要追求独此一家的"锁眼新闻"。新闻发现系于悟性和职业敏感。1985 年，比利时国王博杜安一世携王后访问中国，吸引各国记者云集新闻现场。一天，从苏州乡村观光归来的国王和王后按照中方事先安排继续前进。中外各大媒体为了抢到好新闻提前赶到了下一站。只有苏州一家报纸记者一步也不离开国王行踪。意外发生了：国王中途要求停车去访问事先没有安排的农家。结果，只有这名记者抢到了独家新闻《国王访问农民家庭》，发表后在新闻界引起不小的轰动。

第二层面是新闻的再度开发。新闻再度开发往往后发制人，在开发最有价值的新闻的同时，容易产生新闻精品和名记者。

（二）探索、创造新闻价值最大化实现方式

新闻的六要素——5 个"W"和 1 个"H"，是新闻传播的 6 个基本要素，新闻传播还有特殊要素，比如策划整合、引经据典、文学手法、创新模式、个性语言等。要将基本要素和特殊要素结合起来，探索、创造新闻价值最大化实现方式，不浪费题材。中外许多新闻经典篇章都是有意或无意地追求新闻价值最大化的结果。

第一，以报道神速取胜。新闻讲究兵贵神速，拼抢新闻是新闻传播的第一要义。特别是在国际性重大事件发生地，谁为"天下第一报"，谁就拔得头筹。在 2003 年伊拉克战争中，新华社创造性地雇用语言和新闻感觉都比较好的巴格达人贾迈勒为"战地记者"，创造了新闻史上的奇迹。伊拉克战争第一天，当地时间 4 月 20 日凌晨 5 时 30 分许，新华社特约报道员贾迈勒听到防空警报立刻拿起电话，拨通了设在开罗的新华社中东分社总部的号码，值班编辑听着电话听筒传来的警报声和爆炸声，同步向全球发出了第一条英文快讯"巴格达发出警报和爆炸声！"从巴格达响起防空警报，到新华社向全球发出这条快讯，仅仅用时 3 分钟，这条报道让中国领先世界 10 秒，使新华社在世界新闻界声名大噪。

第二，以新闻角度刁钻取胜。最佳新闻角度标准在于从最广大受众的共同兴趣出发选择新闻角度，从报道新闻的最佳部位切入，于同中见异，不落窠臼，独步一时。以刁钻取胜的美国著名记者罗森塔尔的作品《奥斯维辛没有什么新闻》，光是标题就妙不可言，他以冷峻的观察、深沉的诉说、浮雕式的手法叙述新闻，制造历史与现实、恐怖与快乐、战争与和平的反差，使新闻作品产生巨大的张力，被普利策新闻委员会视为"美国新闻写作中不朽的篇章"。

第三，以新闻策划取胜。策划是以新闻价值最大化为主要目标的。厚报时代，新闻策划是最大限度整合、开发新闻资源，实现新闻价值最大化的有效手段，是现代传媒竞争的通用武器。香港回归前《广州日报》策划在回归当天出版 97 版特刊，并提前大张旗鼓宣

传。结果，当天报纸一出，洛阳纸贵，最后不得不出动警察来维持秩序。策划带来的报纸热销，在中国报业史上实属罕见。

第四，以新闻创新取胜。绝大多数名记者都是新闻创新的高手。创新既可以是内容创新，也可以是形式创新。内容的创新主要表现为报道领域的开拓；形式创新包括创体、创格、创语。创体，或创式，就是新创一种体裁，如采访札记、专题组合、个人经历报道等。1899年10月，英国与葡萄牙为争夺南非开战，20多岁的丘吉尔以英国《晨邮报》特派记者身份到达前线采访。其间他被俘又逃出虎口。后来，他在《皮尔逊战争新闻画册》上发表题为《我身体虚弱，但是我自由了!》的文章，报道自己的经历，这就是最早的个人经历报道。创格，是新闻一种叙事的话语方式。1998年长江抗洪抢险中，《中国青年报》记者贺延光在冲锋舟上用手机向北京做现场报道，以8条标有几时几分电头的短讯报道九江段4号闸附近决堤30米的实况，这种创新，效果奇佳。创语，即创意造言，在新闻表述方式上下功夫。如新华社记者郭玲春许多报道会议的作品不落俗套，被读者和行家称为"会议新闻的典范之作"。

在以上论述中所列举的引起轰动的新闻作品，一方面得益于新闻报道者付出的巨大劳动，另一方面也因为新闻作品得到了公众的喜爱和接受。一条新闻如果能够激发受众更广泛、更深入地参与事件或讨论，或做出相应的反应，让受众从一般的百姓变成关心社会、关心国家大事、关心公共事务的公众，这样的新闻才是价值更大的。

在传播过程中，受众对于新闻的关注程度，直接制约着新闻传播者。虽然传播者可以通过报道新闻安排受众的议程，分配受众的注意力，但是这要以传播内容符合受众需求为前提。报道内容一定要是受众未知且须知的，否则受众不会接受新闻信息，在市场经济条件下，这样的新闻产品就无法推销出去，完成传播使命。这就要求传播者重视受众选择新闻的标准，深入了解受众的心理需求，共同实现新闻价值的最大化效应。

新闻价值最大化理论在微观上利于推动新闻写作，宏观上对传媒发展具有实践意义，因为传媒的核心竞争力在于新闻价值。最好的传媒是由一件件最有价值的新闻组合支撑起来的。新闻价值最大化成就了传媒价值最大化。追求新闻价值最大化会产生"皮格马利翁效应"——指人们基于对某种情境的知觉而形成的期望或预言，会使该情境产生适应这一期望或预言的效应。

第二章 新闻传播现象及规律

第一节　新闻传播的概念及本质

一、新闻传播的概念

传播是信息的存在方式——信息在时间和空间中的移动与变化。

传播学中的"传播"一词来源于英语的"communication"，既有传达、传染的意思，又有双向或多向的交流、交往、通信、交通的含义；既可以是点对面的，又可以是点对点的。而汉语中通常所说的传播，则只是从点到面、由传者向众多受者的单向扩散。

因此，"communication"包含接收、反馈问题。如"传播自由"包含接收自由、申辩自由、反批评自由问题。而汉语"传播"一词在习惯性使用中的单向含义，则容易令人联想到宣传，容易令人忽略接收、反馈、交流问题。这是新闻工作和管理中的常见病，也给普及传播知识、提高人们的媒介素养多了一道障碍。

然而语言是约定俗成的，现在"communication"已翻译成"传播"并广为接受，只有在需要更精确时，才使用"传播交流"。

广义上的新闻传播包括口头、书信等所有传播媒介上的传播，而狭义上的新闻传播，即通常所说的新闻传播，则仅指大众媒介上的传播。

现在随着大众媒介的增多，其传播对象出现了分群化或者说"小众化"的趋势。但相对人际传播、群体传播、组织传播的对象而言，这种"小众"仍属于大众。

二、新闻传播的本质

（一）新闻的事象

新闻的事象是构成新闻事实的复合、运动和可感性因素，即每一个最小时间单位都会出现事实，包括记者所能感觉到和描写的事实，可以被记者看到和描写。

首先，事象是构成事实的自然因素，事实一旦出现和存在，就表现为多个事象的复合系统。任何一件事情都可能不是一个截然无缘的单因象，而是多因象相互组合的一种。事实因象是由各种自然因果相互关系所直接产生的各种迹象，构成了一个事物内在运动处于时空的一种连续性，能够被新闻记者们所感觉和具体描写。事实独立于记者头脑之外，发现了它只是发现了它的存在，而它的存在则是一种时空转换的撮合。

其次，事象作为事件的现象环，使事实呈现多脉络的现象序列。

最后，事象和事实的本质可能是分离的。事象是事实的外在部分，可被记者感受到有的事象可能从某一特定联系方面表现本质，有的则不能表现本质。对于记者而言，则是更准确地去感受事实的本质，即不被事象所惑，而能够透过现象看本质。通过对事物与现象的多维观察来接近事实本质。

认识与把握事实具有重要意义：第一，任何新闻都应通过大量的事象来再现现实，将事情分解成现实。可使新闻立足于完整的或主要的事实，但又不至于片面地抓住一点而放弃事实的全局感；第二，对事实中的一些事物进行鉴别，可以分辨哪些事物价值较大或更多地认识到新闻中的关键环节，并能够对主要事物进行挖掘性的报道，从而找到新闻中的真正意义；第三，对于若干事象，记者在建设新闻时，首要是对新闻框架背景整体把握，然后围绕主要事象进行事实组构；第四，则是对这些事象协调地排列、组成有价值的事象，使事实的各部分和谐地呈现出来。

（二）新闻的事态

新闻事态指的是新闻中的事实和现象之间的关系，表现出各种事实之间的联系，包括了各种事实之间的状态和动向，形成了以人为核心的事实链。

新闻事件是由物态和事态共同组成的。

1. 事物包含了一种物态。在事情关系中，经常出现一些附加组分，即某种物体是人和一个组织使用的，这些物体是事实上的物态，包括日用品、生产工具、武器、食物、建筑或某些自然物，可以说，这些物体正是新闻事件的承载者，一定的新闻事态是依附于物态之上的，借物态表达与传递出来。

2. 事态和物态时时发生"用"和"被用"的关系，构成活生生的事实的现象链。事态与物态是不可分离的，任何新闻都是有机地结合在一起的。在事物关系中，经常会出现对某些事物的切入，即某种物体是人和社会组织使用的，它们构成了事实上的动物。物态是指日常用品、生产工具、武器、食物或某些自然产品的附加组成。没有这些东西，就不能构成某一事实。就人们而言，新闻里的人多是穿着衣服做事，只有与某些东西交流的人，才能形成一个完整的局面。这种纽带和它们的变化，形成了新闻外部结构。

3. 事态与物态之间的关系并非单纯耦合，而是必然和偶然的统一。新闻中的大量事态反映出了事实发展的必然性。记者正是由此认识事实的趋向和本质，判断事实的意义。记者常常只见人不见物，或只见物不见人，使物态与事态处于离散状态。新闻中的每一现象都是事实本质的某个侧面，记者采访得到的事实大都是片面的、表面的、局部的，更是多变的和易逝的。从事态与物态的总体来说，事象比本质丰富、生动；本质比事象深刻、稳定。好新闻摄录的事实应当反映这两个方面，再现事实的全面联系。

4. 仅有事态构不成新闻实体，它和物态有机结合，形成新闻的外在形体。记者要再现事实的本质，必须把握事态间这种内在的特殊形式，判断事实的知悉意义。任何新闻都必须通过某些事物来表现，而任何一种事物都是在某种特定的联系上表现本质，新闻结构具有这种联系才能发生影响。所以，新闻事实揭示的内在联系，让受阅者认识事件的必然性与作用，表现为事象与本质的统一。记者面对事象和本质之间的关系，不能只看一面，不顾另一面。如果只看二者的统一而不注意是否存在对立，就会否认深入采访的必要性；如果只看到它们对立而不重视其统一的一面，就会否认透过事象认识事实本质的可能性，采访就会陷入盲目。

（三）事实与新闻的要素

1. 新闻实情确定。事实就是客观存在的事物、事件或现象，通俗而言是指事情的实际状况，包括原始事实、经验性事实、史前的事实和现在的事实。对新闻报道来说，包括新闻的事实和普通的事实（不包括非新闻的事实）。

事实的特征。首先，事实不是抽象的符号，而是可视可闻的现象，因此可被人们感知和描述。可感是事实的重要特征，古语云"眼见为实"，也强调了事实的这种可感性。其次，事实的客观存在是事实的根本属性，事实是一种客观存在，而不是先验于人们头脑中的主观体验，具有普遍、绝对和永恒的意义。此外，事实一般是可以认知的，具有可陈述性。不可认知、不可陈述的事象我们一般不称为事实，事实一定是人们对可认知、可陈述的信息的一种描述，在某种意义上具有确定性。再次，事实是变化的，世界上不存在静止的事实。事实的因果关系和各种事实相互存在的前提，构成了事实之间的内部联系；事实与物态之间的关系，以及其变化过程，构成了事实与外部的联系。最后，事实之间的内部联系显示了事实之间的本质，而事实之外的联系则显示了事实。事实是社会的细胞。自然界由物质组成，人类社会是实际存在的。事实发生与发展是社会普遍存在的，每一个人都会有事实地再现出社会动态，它们互生与更新地表现出社会发展的状态。

事实对于记者的制约。事实对于记者的制约表现在多方面：首先，事实具有独立性。事实独立于记者头脑之外，记者发现了它只是发现了它的存在，没有新近发生于某地的事件，就没有关于这一事实的新闻。在记者发现它之前，它以客观事实的形态存在，记者发现它并加以报道后成为新闻事实。其次，事实不以记者的主观认识为转移，记者不按事实的客观存在反映它，就无法正确地反映世界。事实是一种客观存在，记者如果想探寻外部世界的真理，就要准确地发掘客观存在，描述这种客观存在，并按照客观存在进行其本质的探究。从这个意义上而言，事实实际上制约了记者的主观想象，客观新闻报道原则则是在这一前提下展开的。最后，事实有外部联系和内在联系，不探求事实的内在联系就无法反映事实的本质。记者要在实践中认真地观察、采访才能发现和认识事实；记者捕捉事实的主要环节，抓取最能反映事实本质的事象，才能把事实的真实情况再现出来。

2. 新闻要素是构成新闻事实的重要因素，即事件存在性的要素，可归纳为事件（谁）的主体性（什么时候、何地）和事件的结局（什么时候）和事件的原因。

3. 新闻要素之间的关系。新闻通过新闻事实的要素再现新闻事实的基本框架，构成每个要素的内容都是事件的细小部分，它们把新闻事件完整地展示出来。

新闻的主导要素可以是人，也可以是物，回答"谁"或"什么"的问题。

事件是事件主体之间相互联系和作用的状态，通常表现在时空因素"何时""何地"，表现为主体与环境之间的相互影响和事实矛盾。最后显露出"怎么样"这个结局要素。

"为什么"要素是新闻事实的本质。记者掌握了主体行为的归宿和事物的最后走向，有可能或需要的话，还要揭示事实的因果关系，写出"为什么"的要素展示事实的内在联系，即展示事实的本质。

（四）新闻事实的类型与结构

1. 一般事实与新闻事实

一般的事实就是没有了解功能，在自然和人类的社会里，每一件事都处于自然状态、为人所知。一般的事实具有以下特点：一般的事实发生具有必然性，是客观世界规则的直接反映或间接反映，大多具有雷同性；每个一般事实在什么时候、什么地方发生都难以预料，具有不期而遇的偶然性；一般事实大量重复出现，是常见的，不会引起人们的注意，因此，一般事实大都被舍弃在新闻之外；一般事实无穷无尽、每时每刻都在发生和消亡，随着时间推移，新事实和旧事实不断交替，构成世界变化的序列。

但一般事实对新闻报道而言却具有重要作用：首先，一般事实可能成为奇异、重大事实的先导或延续，注意跟踪和观察它有可能最先发现奇异或重大事实。而有些一般事实对奇异、重大事实具有引导和铺垫作用，记者选择、加工新闻事实时，大部分一般事实都要被舍弃，但也有少许的一般事实成为新闻的材料。其次，记者确定重要和奇异事实时是同一般事实比较而言的，较多并反复出现的事实可以肯定为一般事实，罕见的、偶尔出现的事实是对记者有价值的事实。

新闻事实是由记者挑选出来的、具有知晓意义的事实，其中包括时代、现代和未来的事实，具有客观、真实和片段性。新闻事实的特点如下：首先，新闻事实有"未知性"的特点，新闻事实是指真正的现象，事件是实际存在的，但必须是大多数人不知道的事实，一旦被大多数人所知道，就不会再是新闻事实了。其次，新闻事实必须具备"满足人类的知晓需求"的特点，新闻事实也必须为人们提供知道的需要，"从未发生过"是判断该需求的重要标准，因此，新闻事实与一般的事实相比，是稀罕见少得多的，需要记者到处寻找或识别。这一点对于信息过剩时代的新闻事实选择尤其重要，新闻是那些能满足受众知悉愿望且有意义的事实的集合，而不是无意义、琐碎信息的汇集。最后，新闻事实和一般事实往往混杂在一起，是由一般事实变动而来的，它本身也包含一些没有知晓价值的细节或多余情况。一般事实当遭遇特定情境或者遇到特殊变化时，也可能成长为新闻事实而进入记者的视野中来，新闻报道就是不断甄别一般事实，不断地从一般事实中找到有可能成为新闻事实的元素。从一般事实中发现新闻事实，就要求记者要贴近生活、深入社会，到实践中了解各行各业的活动，越是有冲突的地方、变化较多的地方、人们议论纷纷的地方，就越容易出现新闻事实。记者还要不放弃外界提供的任何新闻线索，要在与一般事实的比较中确定新闻事实。此外，最为重要的一点即是要用受众的眼光衡量事实是否能够满足他们需要，受众感兴趣、受众特别关注的事实，就有可能是新闻事实。

2. 短促时间事实与连续性事实

短促时间事实通常指的也就是在极短暂的时间内，事件不再正常发生的一种现实。建构这类新闻也有很多方式，但把事实要素一次性都写出来，线索单一，就能构成反映世界的一个孤立的图式。

连续性事实指的是继续向成熟发展的事件，在这个过程中，每一条新闻都只是在截取一段新事件。

3. 硬事实与软事实

硬事实是指新闻中时间界限明确、不可任意变化的事实，也称为固态事实。包括人物、地点、时间、数据、服饰风格、色彩等在内的新闻框架建设，是构筑新闻体系的基础材料。硬事实的特点如下：①作为新闻中的刚性事态，硬事实的时空观念和事实因素缺乏弹性，必须准确无误；②新闻记者不会有任何改变事物的余地，否则就会报道失实；③硬事实不存在混沌的形式，记者识别与再现很容易达到一致，大体上都是用相同的语句表现出来；④反映硬事实容易做到准确，甚至达到相当的精确度；⑤一则新闻可以没有软事实，但不可缺少硬事实。

软事实是新闻中很难确定具体的时空界限、表达情绪或意态的现实。情态实际上是事实的声息，通常表现在现场的气氛中和人们对情感的反应；意态事实是新闻议论的一部分，它阐释了事实的特性、意义和功能，揭示了记者对事实的评估。软事实仍是客观事实，不允许记者以主观的杜撰为依据。

软事实的特点如下：

第一，软事实通常比较模糊，更含蓄，可以多写或少写，也可以不写。记者对软事实的陈述具有可变性。

第二，对事实的情态和意态有不同的表达方式，记者只要忠于已经发生的事实，可用不同语言再现这种事实。因为有了软事实，记者在重构这个世界时会表现出不同的角度与描述风格。软事实也是决定新闻报道风格多样性的重要因素。

第三，软事实的广延性可以浓缩，也可以伸展，还可进行一定程度的渲染。在新闻娱乐化时代，软事实被媒体强调，"细节、画面感、质感，甚至能嗅得见味道的文字"成为这一时代"软事实"的鲜活注脚。

第二节　新闻传播的一般过程

大众传播学中所说的一般信息的传播与新闻传播的含义不完全相同，但任何信息传播行为总是一致性地具有其最主要的组成部分，即信息、传播者、接受者和特定的渠道。这就是说，新闻传播作为一种社会性的新闻信息传播活动，同样由相互关联着的四个主要组成部分构成：新闻事实、新闻传播者、新闻受众与新闻媒介。在具体的新闻传播活动中，新闻传播者将有广泛认识价值的新闻事实，借助于特定的新闻媒介传播给具有某些特性的广大受众，而且这种传播行为本身具有高度明确的目标指向性。在此，可将新闻传播活动简单地描述为：在广泛的社会领域中，新闻传播者以新闻媒介为中介，将一定的新闻事实传播给受众的社会性活动。

新闻传播的实际过程远比描述的复杂，有许多关键问题应预先考虑。例如，现实生活中不断变动的事实为何转化成新闻事实？新闻事实如何变成新闻？新闻媒介作为新闻传播者和受众的信息中介，其意义是什么？受众作为新闻接受者，在整个新闻传播活动中的能动性与被动性如何理解？"传"与"通"是否意味着新闻价值的完全实现？等等。以上所有的因素基本上都必须在新闻传播的一般流程中予以解读。

如图2-1所示：

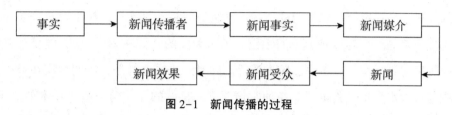

图2-1 新闻传播的过程

从新闻传播过程线性图可以看出，整个新闻传播过程从流程上可划分为三个具体的环节：新闻的选择与加工；新闻的复制与传播；新闻的接受与效果。三个环节顺次连接并有机互动，使新闻传播活动完整呈现。

一、新闻的选择与加工

在新闻传播活动的初始阶段，媒介组织的普遍目标是要制造出在品质上符合专业或行业标准的产品，并且能够成功地将产品推销给消费者，使受众也能接受它。这个目标的落实关涉到新闻的流动。传播学家贝斯曾用"双重行动"两阶段理论来描述新闻的流动方式。[①] 其中的两阶段分别指收集新闻与处理新闻。面对一定的事物、事实、事态、事件的发生或发现，新闻传播者按照新闻价值等新闻选择标准来收集事实，对其予以评价性鉴定之后，将其转化为具有一定新闻价值的新闻事实。这时，"双重行动"的第一阶段——收集新闻宣告完成。新闻的处理流程则包含广泛，从责任编辑的任务布置到一连串的新闻会议或新闻事件的采访、跟进，一直到新闻选定、版面规划和陈述、最终的新闻编辑，包括制作目录版面或者电视读稿以及安排准备最后的播出，等等，都属于新闻处理流程。可见，整个新闻处理的流程涵盖面相当广。

二、新闻的复制与传播

在新闻传播活动流程的第二个环节中，媒介组织及其成员要将已经选择、加工后的新闻事实，即以文字、声音、图片、影像等物化的符号建构物，通过特定的传播媒介予以复制与传播。此时，新闻事实这种潜在的新闻将会转化为现实意义上的新闻，纸媒将新闻呈

---

① 丹尼斯·麦奎尔. 麦奎尔大众传播理论 [M]. 崔保国，李琨，译. 北京：清华大学出版社，2006：245.

现于版面上，广播、电视将新闻呈现于频道中，网络媒体将新闻呈现在"屏"中。新闻事实与新闻媒介，或新闻内容与形式及其承载体以特有的方式完美地融合为一体。

被复制与传播的新闻，在信息内容的含量及其形式上与新闻事实保持一致，传播媒介只是对已经加工好的新闻事实，即新闻产品予以最大范围的"呈现"。当然，在此环节中，媒介对新闻产品的呈现本身也大有讲究，媒介组织的目的也会在"呈现"中再次体现。新闻版面的安排、广播电视播出时间的选择、网络新闻头条滚动等"技术"操作层面，始终追随新闻接受者的"眼球"或其感官系统，追求新闻的"到达率"，即新闻呈现背后的阅读率、收听率、收视率、点击率、转发率等。同时，要注意的是，新闻呈现环节中具体媒介的介质与技术水平也至关重要。在通常情况下，良好的介质与高水平技术的完美结合，会使新闻信息的呈现达到理想的境界。

三、新闻的接受与新闻价值实现

任何新闻信息传播的目标最终都是指向受众，衡量媒介组织的产品功用与价值的标准之一在于受众。可以说，受众的接受在某种程度上决定了新闻价值的实现程度，也决定了媒介组织的新闻生产与再生产的方式和策略。可见，新闻传播活动流程的第三个环节至为关键。一方面，新闻信息的接受与新闻价值的实现，证明了新闻传播活动在其流程上的完整性；另一方面，新闻的接受与价值实现也可被视为新闻传播活动的另一起点，即新闻再生产的逻辑起点，因为没有消费就没有所谓的生产。当然，在此环节中，新闻接受者主观态度多种多样，接受习惯差异纷呈，接受方式千变万化，接受程度深广不等，接受效果也并非整齐划一，但理想化的新闻传播目的与目的的实现就体现在此环节当中。

第三节　新闻传播的内容与方式

一、新闻传播的内容

（一）内容概述

关于新闻本体的探讨也是对新闻传播内容的基本介绍。在实践中，对新闻传播内容分门别类，可形成相应的报纸版面、电子媒体的栏目和频率频道等，如要闻、经济新闻、社会新闻、体育新闻、本地新闻、国际新闻。对这些内容的传播分别进行研究和教学，又形成新闻学的一些分支学科，如经济新闻学、体育新闻学、国际新闻学和相应的高等学校系科专业，如经济新闻系、体育新闻系和国际新闻专业。

新闻传播的内容大多经过了传者的选择和加工，有意无意地掺入了传者的思想观念和态度情感，同样的内容往往有不同的表达，反映了不同的传者及其环境。

（二）数字化对新闻传播内容的影响

数字化使新闻传播的内容无限丰富且多元，使质量更加优化，同时也带来许多负面影响。

1. 新鲜和广泛

新媒体使传者能更方便和快捷地得到来自各方面的信息，又能更方便地进行即时传播，从而使传播内容更新鲜。大数据还带来许多前所未有的实时性统计结果和预测性新闻。

新媒体的内容来源可以从各种机构到各种普通人。有些弱小、边缘媒介的内容，也能通过网络媒体进入其他媒介和全社会的视野。新媒体使多元的信息和观点、真知灼见、创造性思维都能得到展现的机会，不同意见在交流碰撞中得到充分的发展和迅速、广泛、有效的传播。网络媒体上的不同意见交流已远远超过传统媒体，不仅让我们看到多元意见交流的好处，还让我们看到即使是不全面甚至不正确的意见，也并非洪水猛兽，一般很快会得到补充和纠正。

这种广泛又很珍贵的内容来自一些突发性事件的图像，或具有舆论监督价值的内容。

这种广泛还使新闻媒介容纳了许多与受众的日常生活关系密切的实用性内容，以及边缘性的、少数人感兴趣的内容，使新闻泛信息化，微内容在总量上远远超出宏内容的增长速度，"长尾"效应日益显现。

2. 客观和全面

传者多元化、人人可参与使新闻传播能反映多来源、多角度、多方面、多层次的信息，众多反映的总和，就能更接近事物的原貌，达到客观和全面。以片面报道、虚假新闻欺世蒙人永远会有，但在网络宽带普及的地方却很难。能骗一个人一世，也能骗一世人一时，但要骗一世人一世，在新媒体时代就不容易了。互联网与一世人相通，网民的上网时间加起来近乎无穷，他们如要对某一公开报道的人或事深究，其洞察力是无与伦比的。

3. 反映民情民意

受众的主动化还使传媒机构倾向于尽可能满足受众的需求，而不是仅仅考虑传者的需要，于是传媒内容也会更倾向于反映社情民意。许多新闻机构越来越多地把来自受众的信息纳入其传播内容，如转载受众的帖子，讨论受众提出的话题，阅读、点评受众的短信。

从 20 世纪 90 年代起，伴随着 Web2.0 时代的到来，兴起博客、微博等个人媒体，或称自媒体，同时发展起"公民新闻"，即非专业新闻传者的普通公民，通过个人传播工具和大众媒体，向社会发布自己在特殊时空中得到或掌握的新闻性信息。打破了"传播者"与"受众"之间的传统界限，实现了传播主体的位移，促进了民间话语体系的崛起，并促使主流媒体的新闻报道客观化、平民化，许多主流媒体还直接把公民新闻纳入其中。

现在博客、微博、微信已成为新闻机构的重要信息源。广播电视主持人也经常利用微博、微信与受众互动。这使新闻和评论更丰富和生动，也更反映民情和民意。

4. 消极方面

新媒体使虚假信息、色情暴力等不良信息，侵犯隐私权、名誉权、著作权等信息大量增多。新媒体中低俗化、娱乐化内容过多，也不利于公民素养的提高。对此又难以通过简单的禁堵来解决。一方面禁堵的难度很大，成本很高，这种难度还被数字化传播技术的发展不断加大；另一方面，许多内容的界限很难分清，如色情与人体艺术，暴力与现实生活，合理批评与过分谴责，问题探讨与不良宣传，简单禁堵难免会出现失误，怎样既阻止这些负面影响，又不妨碍有益的传播，不侵犯人们的传播权，已是全人类的新课题。

（三）移动化对新闻传播内容的影响

移动终端的分群化、个性化传播以及"长尾效应"，使许多不为大众媒介所关注的信息也得到了传播。移动传播的碎片化又使许多片断的信息得到了传播，如知情者的揭秘，路人拍的现场视频，还有许多新闻性信息通过评论被人们知晓。

在传统媒体时代，人们更关注大众媒介报道的新闻，所谓新闻传播，也是指狭义上新闻的传播。而在移动传播时代，社交媒介大行其道，大众媒介以外的、报道以外的新闻传播十分便利，其数量和影响与日俱增。这也是一种螺旋式上升、波浪式前进的过程。需要我们及时更新新闻及其传播的概念，及时重视广义上的新闻，更好地搜集、发现、制作、研究、利用那些零散的新闻，长期存在、正在发生、将要发生的新闻，人际传播、群体传播中的新闻，聊天、演讲、评论中的新闻。

二、新闻传播的方式

新闻传播的方式包括信息传播的基本过程、大众传播的一般方式、新闻传播的特殊方式，以及报刊、广播电视、网络手机等各种媒介的特殊方式。

（一）大众传播的一般方式

大众传播的方式基本分为单向和点对面，有单媒体的和多媒体的，也有直接的和通过其他传者产生二级传播、多级传播的。

大众媒介内容的呈现方式有朴实的和文学化的,严肃的和娱乐化的,服务式的和训导式的,和风细雨、连续不断、潜移默化的和急风暴雨、立体交叉、狂轰滥炸的,等等。

数字化给大众传播的方式也带来很大变化,主要为:

1. 由单向变为双向——从过去基本由传者到受众的单向传播变为很大程度上的双向互动。许多传播成为反馈之反馈。对传者而言,受众可以不再是难以捉摸的"黑箱",可更有针对性地进行传播,并根据受众的反馈及时调整传播。

2. 由单媒体变为多媒体,包括多媒体平台和多媒体链接。

3. 由我传你受,推向受众,变为我供你取,由受众自己拉出。不仅新媒体中的内容由受众自己点击搜索,广播电视的传播也可由线性的变为非线性的,即由传者安排的、按规定时间和先后顺序播出,变为受众自己选择的、打破时间和顺序限制的点击播出。连广告也很难再向受众硬推,要千方百计放在能让受众"拉"出来的内容中间(植入式)或旁边(如搜索结果旁)。

4. 由大众化、一定程度分众化的点对面传播,变为无限分众、点对点乃至社会化媒体的多点对多点传播。相应地,许多传播内容也由统一化变为个性化乃至碎片化。

现在受众也"碎片化"了:传统的社会关系、思想观念、行为模式的整一性瓦解了,代之以一个个利益族群和"文化部落"的差异化诉求、社会成分的碎片化分割。受众的个性特征、偏好需求也碎片化了。这使服务受众的新闻媒介进行不同的传播,乃至点对点或多点对多点的传播。如提供点播服务,提供那些虽不重大,但是对特定人群仍有用的"微内容",按各个机构和个人的不同需要提供定制信息、研究报告、专项咨询和数据库。需要的满足又刺激了需要的发展,形成正向循环。

5. 由少数人控制变为无限多元,呈现出"去中心化"、全民化。平民意见、江湖文化、草根艺术与权威组织和人士共存于互联网平台,一起面对受众的选择。这一方面可更多地反映多元的、底层的信息和意见;另一方面许多传播缺乏把关,虚假内容、不良内容、有害内容、侵权内容也常见于新媒体,并快速扩散。

(二)新闻传播的特殊方式

大众媒介的新闻传播还有自己的特殊方式,包括信息摘要、时事评论等,但主要通过新闻报道,其基本方式有客观报道、主观报道、深度报道、预测性报道。此外还有电子媒体的特定报道方式,如现场直播、纪录片式。

第四节 新闻传播的规律分析

一、新闻涵化

新闻是一种文化，新闻属于意识形态范畴，社会主流的意识形态，包括政治的、经济的、文化的属性，制约新闻的传播方式和内容。新闻的涵化往往体现着主流意识形态的属性。西方新闻客观性总是趋于回避传播体制和所有权对新闻的建构作用，因此，避而不谈新闻的意识形态的作用。而且西方的新闻涵化虽然一再声称以客观性为准绳，但是仍然避免不了西方的意识形态的作用。在我国，新闻媒体作为党和政府、人民的喉舌，我们旗帜鲜明地提出了新闻的意识形态属性，并贯彻到新闻报道的方针中。

（一）新闻的话语涵化

新闻是一种人工信息，是新闻记者通过文字、声音、画面等符号构建的一种"拟态环境"。新闻运用什么样的符号，怎样使用这些符号，是新闻涵化的方式语言，是新闻中运用的最重要的一种符号，因此，新闻使用什么样的语言，运用哪些词汇是新闻涵化的不可或缺的手段。巧妙地使用特殊的词语润色新闻内容，就叫新闻的话语涵化。在不同的国家，不同的报道方针的指导下，在不同的意识形态的统领下，新闻话语在建构新闻事实的时候，往往通过选择不同的词语和句式，或明或暗地显示出自己的立场。

语言给受众带来视觉材料以外的丰富内容，发现凭直观不能发现的思想。新闻并不只是感官对世界全面接触，而且是对世界的一种思考方式，形成有关事实的概念。新闻记者运用恰当的词语再现事实的本质，让受众看到事实内在的东西，这就是新闻话语的深刻寓意。作为一名新闻记者，必须在新闻的语言上进行细致周密的推敲与选择，只有这样才能做出高质量的、符合新闻传播规律的好新闻。新闻话语的涵化归根结底就是新闻主题的涵化。新闻主题是指媒体通过报道某些事实的思想，重要报道的主要目的不只是告诉受众某个新鲜事实，如果可能和需要的话，还要向受众提供记者对事件的理解，深化新闻主题。一则新闻质量的高低、价值的大小，主要看主题是否正确深刻。主题是"统帅"，主题是新闻的"灵魂"，新闻的素材要为新闻的主题服务，因此，新闻内容涵化的本质是新闻主题的涵化。

（二）新闻的技术涵化

新闻技术上的涵化，是运用传播技术加工事实，使新闻具有报道者的思想蕴含。主要是指新闻记者运用摄像机、照相机、录音设备、各种平面的和多媒体的编辑软件等对事实进行加工、选择，使录制、再现的新闻具有了某种意义。

1. 在广播电视新闻报道中的技术涵化。在电视新闻制作的技术上，编辑运用线编和非线编软件针对新闻镜头进行选择加工，删掉与记者编辑意图相背的镜头、画面，选取、放大自己需要的镜头。这无疑更能显现出媒介编辑新闻在技术上进行的涵化。在广播新闻的技术上的涵化，不但体现在对声音的录制、同期声的运用、现场音响的选择上，而且播音的各种方式也透露出编辑的意图。广播媒体经常使用这些不同的播音方式显示不同的气氛，表现不同的意图和对新闻的思想评价。一定的思想感情成为播音的支配主线，用不同的音调、不同的音响方式表达不同的倾向，从而影响听众对报道内容的理解。

2. 平面媒体新闻报道中的技术涵化。报刊新闻的技术性涵化在摄影记者的身上表现得十分突出，针对新闻现场，平面媒体最直观的传达就是图片，因此，摄影记者采取什么样的角度和光度以及拍摄距离的远近来进行拍摄，将能透露出摄影记者的意图，其中蕴含着摄影记者的影子。版面位置、字号对于报纸新闻是常用的技术涵化手段，这虽然不是新闻中的内容，却使新闻产生特定的含义，版面布局包括顺序、空间、代号、线条、色彩等，不同的位置、顺序、线条以及色彩等编排手法，可以体现不同的倾向，对读者产生不同的心理影响。充分使用这些编排手法的特点，恰当地将其运用在不同的新闻的处理中，这是平面媒体涵化的主要方式。

3. 新媒体新闻报道上的技术涵化。新媒体的技术涵化最为常见的手段包括字幕闪动、信息连接和互动式评论。字幕闪动，可以突出重点，引起读者关注；信息连接，即通过连接的方式增加新闻信息，拓展受众新闻视野，强化读者对报道中的信息认知；互动式评论，以读者的评论衍生更多的新闻信息，产生认知倾向，进而引导后续读者对于报道信息的接受和理解。借助现代网络技术，新媒体在新闻报道上的技术涵化手段更加丰富，方式更加隐蔽。

新闻报道技术上的涵化，说到底仍然是一种意识对于物质的驾驭，是新闻记者对于设备的操纵与使用。新媒体通过信息的强化和内容的拓展，实质上仍然是将报道思想通过编辑技术的运用得以体现，说到底还是媒介的意识对于技术手段的驾驭。

（三）新闻涵化与新闻真实

新闻的涵化与新闻真实本质上是记者对于新闻事实进行的一种意义化，即将事实赋予了某种新闻意义，将事实本身附加上了记者自身的观察与理解。事实本身是多侧面的，选择新闻事实的角度，是涵化新闻主题的主要的手段。因此，新闻记者对于事实要用立体的眼光去审视。首先，从横向的角度观察事实本身，可以有哪些理解的角度，具有哪些意义。其次，从纵向的角度去观察事实本身的深化，然后用生动的事实、必要的技术手段或语音手段，合情合理地将新闻进行成功的涵化。这样将可以更加凸显事实背后的新闻意义。要特别注意的是，新闻涵化本身并不是主观报道，涵化后的新闻在某种意义上说，将更加客观。新闻涵化是新闻记者对于杂乱事实的梳理，以及对于事物本质的发掘。要做到这样的境界，记者对于事实的选择，一定要遵循事实第一性的原则，不能为了突出新闻的涵化主题而捏造事实、歪曲事实。要用事实对事实进行涵化，而且选择事实的基本元素要具体化、精确化，比如，具体的地点、时间、人物等不能含糊带过；引用素材要说明来源与出处，不能以"据调查"等词语加以搪塞①。

二、新闻选择

实际上，人生活在这个世界上，毫无疑问地每天都要面临一些选择，诸如日常生活中的衣食住行方面的选择，工作生产中的计划方案以及用人调度方面的选择，等等，甚至中午到餐厅吃饭也要对饭菜首先做出选择。人的一生其实时时处在选择之中，既然选择无所不在，为了人们能够更加科学地进行选择，尤其是一些涉及人生事业或者社会发展等方面的重大选择，建立一套专门研究人的选择及其相关理论的"选择学"，当然顺理成章了。有了这样的一门"选择学"，不仅对于我们通常所应用的"选择"的概念给予理论化的解释，而且对于相关的一些学科也具有重要的指导意义，我们这里的"新闻选择"的要求，就是以选择学作为理论依据的。

按照"选择学"的定义，选择就是行为主体对行为目标或方案的搜寻、比较和确认。② 而在人类的全部新闻活动和整个新闻事业中，选择无疑贯穿在每一个环节和程序中。

新闻选择，是指在特定的传播环境下，根据一定的价值取向和原则标准，对新闻事实、新闻作品通过主体的主观衡量与评判所做出的取舍与认定。进一步说，因为新闻和新闻报道的基本对象是新近发生以及变动的事实，所以，实质上新闻选择首先就是对能够构成新闻和可以进入新闻传播过程的事实的选择。而由于在传受过程中，新闻传播者、受传者和决策者所处的地位不同，各自承载着不同的社会责任并相对处于一种不同的政治与经济的利害关系之中，所以，他们对新闻的选择标准和兴趣也就有很大的不同。而在这样的格局中，作为第一把关人和实际操作者的新闻传播者，显然处于最重要的和第一位的选择位置上。所以，关于新闻选择的要求也就主要是讲新闻传播者在取材和制作过程中的选择问题。

① 刘建明. 当代新闻学原理 ［M］. 北京：清华大学出版社，2003：141-158.
② 孙万鹏. 选择学 ［M］. 济南：山东人民出版社，1992：55-56.

（一）新闻选择的目标

归根结底，新闻传播的根本目的就是向社会提供最及时以及最佳、最有效的信息。具体而言，也就是要把世界变动的最新事实尤其那些事关社会发展以及国计民生或者为广大受众最为关心的新鲜事实传播给尽可能广泛的接受者，从而让社会的信息流通一直呈现为最快速和畅通的状态。从整体上和宏观上看，新闻传播既不能遗漏或者延迟传播具有新闻价值的以及流通必要的信息，又要避免信息的过量膨胀甚至过多的垃圾信息而造成信息拥堵和泡沫化，在现代世界，每日每时所产生的信息是无限的，而传播者首先需要明确新闻选择的目标，保证信息发布的最佳值。

对于新闻选择的目标，主要应该从以下两个方面加以考虑。

1. 社会公共领域需求度

社会发展与社会稳定是任何时代人们生存的最基本的条件。新闻传播首先必须承担最基本的有利于社会发展和社会稳定的历史使命，充当社会航船上的瞭望者角色。新闻传播的最根本的出发点就是服务于社会、服务于受众。因此，在新闻选择的过程中，一个最高的目标，就应该考虑我们所要选取的对象以及我们即将由此所发布的信息，在整个社会信息流通以及社会公共领域的利害关系中是否具有一定的必要性或需求度，其社会信息流通的价值越大，其社会公共利益的需求度越高，当然就越符合选择的目标。

所谓社会公共信息需求度，也是一个十分宽泛的概念，它包括社会各个方面的信息需求性。而它所强调的就是社会公共的信息需求。有了这样的信息传播，或者通过这样的信息流通，社会就能在一定程度上得到活力的激发，社会公共利益就能在一定程度上得到守护，而在更高的境界上，则可以大大推动社会历史的发展，从而取得更大的社会效益。

2. 受众应知欲知需求度

现代新闻传播，已经由传者中心转移到了受众中心的格局。我们的新闻传播不再仅仅是由上而下的灌输和指令，而是围绕着受众、服务于受众。我们的新闻选择当然首先要考虑社会公共的最大利益，尤其是国家与民族的利益；但是，在不违背或并不涉及社会公共利益的前提下，我们的选择目标一定要以受众需求为中心。

所谓受众需求，一是受众应知的信息，这样的信息虽然并不一定是受众从主观内心中特别渴望了解的信息，但从某种意义上却是他们必须知道的。如近年来在全社会开展的"社会主义核心价值观"教育，这不只是着眼于全社会的发展与稳定的需要，而且从根本上来说是与每个公众个人的切身利益和生活质量都密切相关的，这样的信息虽然并不一定是受众从接受兴趣上最为关心的，却仍然是建立在受众利益中心的基础上的。所以，我们对这一类新闻的选择，实质上也是从受众出发，而从根本上服务于受众的；二是受众主观欲知的信息。传播者在新闻传播活动中是信息的发送者，但是，传播者却又不能仅仅知道把自己掌握的信息传播给受众，还应该知道受众对哪些信息是最想知道的，即受众欲知的，就是传播者必须选择的。

很多时候，即使是同一件事实，或者同一个新闻素材，受众最想知道的信息也是有很大区别的。尤其是在媒介分众化的现实之中，不同受众定位的媒介，就更需要根据自己的受众对象选择适当的角度和事实内容进行新闻制作。

（二）新闻选择的过程

这里有三个基本步骤和三个基本环节。三个环节，即传播者在进行新闻采访、写作和编辑的各个环节上，对新闻事实和报道对象进行多层次筛选；三个基本步骤，即在进行具体的事实选择中的搜寻、比较和确认。这三个基本步骤和三个基本环节有循序渐进的关系，而在实际的运作过程中又不是那么界限分明，因为有时需要交错进行或者同时进行。

搜寻，就是充分利用新闻资源，广泛收集报道线索，详细占有报道对象的相关材料，特别是第一手资料。如果进行新闻策划，那就要尽量拿出更多一些的策划方案。比较，就是在不同事实之间、不同线索之间、不同主题之间、不同素材之间、不同写法之间、不同方案之间，权衡长短利弊，为下一步的确认做好准备。确认，就是在反复比较的基础上，做出决断，确定预期效果最佳者作为最终选择的结果。新闻选择归根结底是从多种可行性方案中选取一个满意度较高的方案。所以，选择时尽可能占有更多一些的选择对象和方案，从而使选择的余地更大一些、选择的空间更多一些，以便有更充分的比较，从多中择优。在实际的新闻选择中，搜寻当然是进入选择的第一步，但是，到了比较的环节中，仍然可以继续搜寻，甚至在确认之后，如果又搜寻到新的事实或材料也仍然可以重新比较，或者进一步搜寻，再重新确认。总之三者密切关联，互不可分。

（三）新闻选择的准则

新闻选择的准则有两个方面的依据：一是新闻价值；二是法律政策和社会道德。

新闻价值标准用于权衡新闻事实或相应作品新闻性的强弱，测度新闻事实或相应作品的信息量和社会影响力。传播者根据权衡和测度的结果，做出取舍或轻重缓急的处理决定。新闻价值标准的具体尺度，就是前文已叙述的新闻价值理论和新闻价值要素。

政策法规和伦理道德是社会公认的行为规范。它们作为新闻选择的标准用于权衡和测度新闻事实和相应新闻作品的社会价值和宣传效力，传播者根据权衡和测度的结果，做出允许不允许出版和怎样出版的决定。其具体尺度是相关的法律政策和成文不成文的伦理律条。

这里还需要更深入一个层次加以说明的是，作为新闻选择标准的法律政策和伦理道德，一部分是专门属于新闻职业的法律政策以及新闻界的职业道德，包括新闻纪律等。这是每个新闻从业人员必须牢牢坚守的职业规范。而从另一个层面来说，就是指全社会必须共同遵守的法律政策和伦理道德。新闻选择，一定要符合国家的有关法律政策和有利于社会稳定与发展的道德规则，千万不能在新闻报道中出现与法律政策相抵触或不利于公共道德建设的事实和观点。

新闻选择除了以上两个主要的硬件标准之外，还有人提出一些次要性标准，如新闻的可读性标准、版面画面以及文章章节的审美标准等。这些次要性标准在新闻价值判断中起着辅助作用，有利于新闻选择最佳目标的实现。①

三、新闻时态

新闻之所以成为新闻，是因为在时间的限定，即一个事件从事实转变为新闻在时态上的要求是极其重要的。

（一）新闻瞬间性

新闻，首先是一个"新"字。"新"的内涵，包括时间上的及时和事实内容上的新鲜，而这两者归根结底都取决于新闻传播能够根据新闻的瞬时性特征快速抓取和反映。新闻的瞬时性，即在一个短暂的时间刻度上显露出事实的新闻性，表现为事实展现新闻的一个时刻点。所谓时刻点，是指时间轴上几乎难于察觉的一个个可以被看作是静止的点，也可以把它称为时间轴上的最小单位。每一个新闻事实的发生都是在这样的时刻点上。这样的时刻点是极短暂的，只有一个瞬间或者是一个有限的时段。所有新闻只有抓住事实发生的一瞬间，或新闻事实变化的那一刹那，才是具有可传播性的新闻。所以，对于新闻发生的时间把握，一般都不能简单地以近几天、近日、最近等模糊性的词语一笔代过，新闻的时间性的内在要求规定了新闻记者应该准确地报道新闻事实发生的准确时间点。否则，新闻记者一旦采用那些模糊的时间词语，就表明一定是忽视了新闻的瞬间性。这在一定的程度上也可以称为新闻的局部失实。

新闻的瞬间性是新闻一定时量中的一个刻度，表明空间依附于短暂时间的存在形式。这个原理不仅意味着空间和时间在客观上是实在的，而且还意味着它们同变化着的事实有着不可分割的联系。任何一个事件或典型事物，都是有限时间内的一幕，记者的采访与写

---

① 项德生，郑保卫. 新闻学概论［M］. 武汉：武汉大学出版社，2000：81-82.

作应在无限时间的长河中寻找有限时间。面对社会变化。记者首先应该考虑某一事件在时间上是从何时开端的，又延续了多长时间，是否到了时间限制的终点。这样，新闻报道便在时间无限延伸的轴线上，找到了一个时间变量，截取有限时间来表明报道内容的时量。这个时量，如果准确显露事物的时间长度，会使新闻具有明确的空间界限，人们不仅可以依据时限了解客观事件，而且还可以判断事件在分量上的大小轻重。

（二）新闻时效性

所谓新闻的时效性，是指作为一个事实的新闻在报道后持续时间的效率新闻对事件报道得越早、越快，其反映的信息在受众中保持价值的时间就越长。时间不断流逝，标志着事件也在走向过去：新事实一旦产生就不断走向衰弱，另一个新事件的出现就是旧事件消亡的开始。新事实一旦萌芽或成形，在事实刚刚发生的瞬间就给予报道，新闻就会产生很强的时效。因此，新闻记者应尽量缩小新闻的传播时差。

什么是新闻的传播时差呢？新闻是一种高速度传播，或者说，新闻传播是最讲究速度的传播方式和手段。有人说"新闻是由时间材料构成的产品"，所以，如果一个新闻事件在一定时间内发生，而传播者不能在第一时间进行报道，那么这则新闻就将贬值、腐烂。由此可见，所谓新闻的传播时差就是指事件发生和被报道的时间差。时间差越小，此新闻的时效性越强。为了增强新闻的时效性，媒体都在千方百计地追求第一时间进行报道。在第一时间内抢先报道新闻，也往往就是独家新闻。当然，在某种情况下，对于一时被遗漏的新闻，也可以继续寻找该新闻的另一个第一时间，报道其最新的发展，这仍然可以说是第一个把最新的事实传送给受众。

在新闻报道中，为增强新闻的时效性，成熟的传播者一般很注意时段切割的小型化和快速化。因为受众不仅希望收到刚刚发生的新闻，而且希望每条新闻陈述得精练、短小而丰满。媒体着眼于社会宏观的变动，力争在每一个传播时段里集中时效最高的信息。而新闻报道做到高时效，很难在一次报道中追求事件的完整和周全，所以大事件只有通过连续发展才能展示它的进程，把这样的事实切割成碎块加以报道，就不会再影响报道的时效。每次报道截取刚刚发生的事态通过多次报道完整地再现整个事件，连续性瞬态既体现了高时效，又展示了事态发展纵向过程的始终。

另外，新闻时效性也包含第二种含义，在新闻作品中，压缩一定时间内的事象而不损失事实的完整性，即普遍运用"时间浓缩"的方式。比如，半天内发生的事用两分钟的新闻进行报道，观众并没有感到缺少什么，报道时间的短暂不仅减少了资源的浪费，而且提高了时效，也即用极短的报道时间表现较长时间发生的事件。记者选择事实的典型场面与细节，压缩那些次要的、不能表现事实意义的过程，是提高新闻时效的基本手段。

（三）新闻时态规律

根据刘建明教授的理论总结，新闻的时限性决定新闻报道具有若干时态规律，即事实只有在一定时态下报道才能保持最好的影响力，这是新闻报道的基本规律。主要表现为：①新闻报道要标出事件发生的具体时间，向受众报告特定的时间刻度，突出事实的"现在进行时态"，又称报道的现时态；②新闻内在的时序不能颠倒，颠倒了就要歪曲事实的因果关系，改变事实的性质。时序被破坏，事象就给读者造成错误的旧印象。新闻报道陈述事实可以运用倒叙或插叙，但不能违反因果关系的顺时态；③提高新闻时效是事实保鲜的前提，是构成事实保持新闻本性不可缺少的条件。事实不及时报道，就会变旧，"落地黄花"就不再是新闻。提高新闻媒介整体报道的时效性，是提高媒介竞争力的重要手段。新闻要尽量缩短事实发生和报道之间的时差，以更加延长新闻的寿命。其具体规则主要表现为：

1. 新闻时态的确定性。新闻时态是用时间数词、名词和时间副词表示的，同一种情形用不同的时态表达，就构成不同空间的事物，可能有不同的含义。新闻中某些空间发生了变化，陈述时态的语句也要随之改变。例如，某一事态是在一刹那间发生的，而某一事件延续了一定时量，如果缺少时态就很难让受众明确它是曾经有过的，还是将要发生的。在一个大事件中，具体事实的转换都伴随时态的踪迹，不确定的时间概念不能说明事情是否真实发生过。说出事件的现在时态和过去时态——某人在哪里说什么、做什么，才有特定的价值，这需要运用恰当的时间语言，指明事实的进程。这就构成了时间上确定的新闻语言和时间语言。新闻的进行时态表现为刻不容缓的报道状态，必须在事实发生后以最快的速度报道出去。新闻再现、记录和反映的是新近发生或正在发生的事实，即使非事件性新闻反映新经验、新人物、新动向、新问题，也需要确定进行时态的点位，说明它是什么时间内发生的。过去的、将来的时态都以现在时态为激发点，展示事件的延续过程，再现事实的全貌。凡是具有发展情节的事件，大都应有过去时态或将来时态穿插其间。

2. 时态对新闻的规定性。时态表明新闻报道的起始点和事件的转折点，确定了事实每个变化的时间，从而增强了新闻的真实感。新闻报道的时态和真实是并重的。不真实的新闻报道得再迅速，并不是新闻的时效；时效不能牺牲真实，而是要求时间概念的精确使新闻更加真实。一切新闻都在一定时态内具有报道价值，有教育意义的新闻尤其需要在一定时刻报道才显露出更大的价值。因此，某些新闻的时态性不仅表现为时间的直线运动，而且体现为更为短暂的固定性。继发性新闻与突发性新闻比较，变动的时间要缓慢一些，变化过程要长一些，而另一些事实能否成为新闻，需要一定时间检验，因此，要求这类报道搞成"今日新闻"是难以办到的。这类新闻恰恰表现为在某一固定时间报道，事实才表现出最大的价值，这是一种特殊的时态性。时宜性恰恰是事实适时的内在要求，表明新闻在一定的时间内报道具有突出的意义，这就是新闻的时宜性，军队的训练成绩只有发表在建军节日的报刊上，才会引起更广泛的兴趣，而发表在别的时间则很难引起更多人的注意。有的新闻本来就会引起轰动，如果发表在更合适的时机将更具有新闻价值。有些重大的非突发性的事实，没有充分发展，事实没有充分显露出来就急于报道，就有可能铸成大错，等到一定的时机再报道才能让人了解这是一个什么样的事件。

时态的精确化不仅提高了报道的时效，而且让受众看到了事件完整的发展过程。缩短时限，成为新闻报道的重要目标，加快报道效率是提高新闻时效的重要措施。当代新闻事业不断追求通信方法和印刷发行的速度，利用先进的传播技术，提高了新闻采访和传递的时效。多种时态是事件发展进程中的环节，综合、准确地指出事件的各种时间要素，把事件的发展清楚地向公众陈述出来，成为报道重要新闻事件的基本要求。网络新闻每分钟都在更新，电视新闻每小时都在更新，把巨量的信息快速传到全球各地的公众之中。快时效带动了其他时态的综合运用，新闻报道给人们提供了更加详尽的事件。

四、新闻客观性

（一）新闻客观

新闻传播必须客观与公正，这是毫无疑问的。在新闻传播的全过程中，每一个环节上的传播者都应当时时遵循客观性与公正性的要求，否则，新闻失去了客观与公正，还怎么能被社会接受和认可呢？因而，真实、客观和公正，是新闻的立身之本。其实，客观性与公正性也是密切相关的，客观才能公正，公正必须客观。客观是公正的前提，公正也就是客观的最直接的结果。

新闻传播的客观性，是指新闻传播者按照事物的本来面目如实报道的特性。首先，它要求传播者所采集的新闻事实必须是客观的存在，或者是按照客观规律正在发生与发展的事实；其次，在对客观事实进行信息转换即通过编码制作和形成符号化的程序中，一定要通过对事实的客观的叙述和陈述，让事实自己站出来说话，或者运用事实自身的逻辑力量来显现新闻传播的倾向性。新闻传播一旦离开客观性，就很难保证新闻报道的真实性。这实在是关乎新闻及整个新闻事业的生命与生存的重大原则性问题。

对于新闻客观性的具体要求，李良荣教授提出："客观性报道大致包含三层意思：第一，要求记者在事实选择中不带偏见。第二，记者应超然于所报道的事情之外。第三，记者不应该对事实发表评论，把意见和事实分开，新闻报道只提供事实，评论才提供意见。

这三层含义构成客观性的基本框架。"①

从客观报道产生的历史看，1798—1880 年，美国处在政党报刊时期，煽情主义风行，共和党、联邦党的各种报刊不惜采用非常卑鄙的手段相互诋毁。由佛伦诺主办的《美国公报》为了丑化华盛顿，随心所欲地给他加上"卖国贼""强盗"等恶名，完全是毫无事实依据的捏造和诽榜。杰斐逊担任总统后，也被敌对报纸编造了种种丑闻，被闹得满城风雨。杰弗逊无可奈何地感叹："现在的报纸文字什么也不足信。真理落在了这些肮脏的机关报上，也成了可疑的东西。"② 在这种情况下，美国报人中的有识之士随即打起"独立办报"的旗帜，反省"黑暗年代"的教训，开始认识到新闻传播的一条最基本的定律，即新闻传播如果太强调突出观点，就有可能歪曲事实，而广大读者最希望看到的就是新闻事实：新闻传播只有不带任何偏见地叙述客观事实，才能获得广大公众的认可和接受。塞缪尔·鲍尔斯是倡导"独立新闻学"概念的第一人。早在 1855 年，他就明确指出应该在事实与意见之间划清界限，分清"思想与情绪，事实与感觉"。新闻应该提供读者最原始的材料，让读者自行判断，这正是"客观报道"的精髓所在。1896 年 8 月，阿道夫·奥克斯买下《纽约时报》后，决心学习廉价报纸报道新闻的长处，摒弃其过于煽情的做法。奥克斯的报纸强调自己的记录性，要求新闻客观公正地报道事件，并且在报道中开始注意将事实和议论分开。奥克斯在办报宣言中说，《纽约时报》将"不偏不倚地、无私无畏地提供新闻，不论涉及什么政党、派别的利益"。在中国，新闻传播的客观性问题是著名报人梁启超最早提出的。他在 1903 年指出："史家必有主观客观两界，作报者亦然。政府人民所演之近事，本周我国所发之现象，报之客观也。比近事，观现象，而思近以推绎之发现之，以利国民。"③ 中华人民共和国成立前，《大公报》《申报》等报刊努力将客观报道贯彻到新闻实践中。《大公报》还提出"不党、不卖、不私、不自"的"四不"方针，并为此做出了努力。

在强调新闻传播的客观性时，有一种偏向必须避免，那就是新闻报道的客观主义主张。客观主义也叫"自然主义"，最早是一个文学主张，后被有些新闻人所利用，这样的新闻报道，提倡所谓"纯客观"即不加选择地罗列事实、堆砌材料，甚至把一些暴力、性爱或其他容易产生有害效果的事实细节也原原本本地加以描述，这就从根本上偏离了客观性的本义了。而这种客观主义的做法在实质上并不是真的"客观"，其中恰恰反映出这些新闻人在主观上缺乏社会责任感甚至是非常不良的新闻倾向。作为新闻传播的基本规则，

① 李良荣. 新闻学导论 [M]. 北京：高等教育出版社，1999：33.
② 刘建明. 现代新闻理论 [M]. 北京：民族出版社，1999：136.
③ 刘建明. 现代新闻理论 [M]. 北京：民族出版社，1999：136.

客观报道不仅追求信息的实在性，而且要注意对事实的选择性，更要求正确观点的主导性（当然也需要注意主体倾向的相对隐蔽性）、客观性并不等于"用客观代替一切"，李良荣教授指出：客观性的含义意味着对事实的尊重，对记者主观的否定。但事实上，报道的客观性从一开始就在实践中出现了不可克服的矛盾，那就是：在实际工作中，记者在选择事实中能否真的不带偏见，能否真的抱超然态度，选择、报道事实能否和记者的价值判断完全分离？无论是对新闻工作的现状调查或从理论上分析，彻底摆脱偏见是困难的。尽管如此，新闻客观性的原则是不能违背的。

（二）新闻公正

新闻传播只有首先坚持了客观性的原则，"公正性"也就有了可靠的基础。新闻传播的公正性是指传播者依照自己的社会责任和职业道义，保障公民享有平等地从媒介获得资讯、发表意见、进行意识交流以及精神交往的权利与机会。媒介作为社会公共领域，传播者不具有专门传播个人意见或片面事实，并以个人意见与片面事实压制他人意见与其他事实公开传播的特权与自由。在特定情况下，传播媒介应该为发生争议的双方提供平等利用媒介的机会，所以，公正性也叫立场。新闻传播公正性的含义，主要包括以下三个方面。

1. 新闻传播不以一己之立场，片面地报道事实或提供只是自己赞成的一方面的意见，压制、不报道或歪曲另一方面的事实或自己反对的一方的意见。

2. 新闻传播者不以自己的一己立场，以个人的观点选择、报道和评价、解释某些事实，并且通过这种选择与解释误导受众，造成对部分不同意见者的压力与伤害。

3. 新闻传播不以一己之立场，剥夺部分人利用媒介表达自己赞同的观点和意见的权利与机会，使得媒介的性质，由"社会公器"蜕变成"个人私器"。

为了保证以上的客观性和公正性原则，有专家总结了一套具体的操作方法，其要点为：

1. 事实完整。就是要把构成该事件的主要事实全盘报道，给读者完整的印象，不能故意隐瞒某些材料，西方新闻学称之为"多维的背景材料"。

2. 平衡对等。当社会上对某一事件有多种不同意见，或者双方当事人发生争执的情况下，报道应该让各种见解或让双方都有同等的表达机会，不能在版面上以及篇幅或播放时间上偏袒一方。

3. 语言中性。客观性报道在很大程度上是一种语言的艺术。文字或语言表达上的感情色彩最容易使报道失去客观性，因而在进行客观报道时，一定要剔除感情色彩，尽量使用中性语言。

4. 引语运用。即引用人物自己的语言或与事件有关的原始的文本材料。

5. 观点回避。避免记者直接在报道中发表意见。①

---

① 李良荣. 新闻学导论［M］. 北京：高等教育出版社，1999：29-34.

第三章 新闻传播主体与媒介

第一节 新闻传播者

一、新闻传播者的角色定位

"角色"一词源出戏剧用语。20 世纪 20 年代美国社会学家、社会心理学家乔治·赫伯特·米德将其引入社会心理学，用来分析个体心理行为和社会规范之间的相互关系。在人类社会，个体人必须扮演一定的社会角色，即个体在特定的社会和群体中占有的相应地位和身份。个体人社会角色的形成是通过个体的社会化过程而完成的。也就是说，个体通过一定的社会实践，学习知识和技能并在某种程度上被引导去适应他所在的社会团体的规范，从而使自己从一个自然人变成一个社会人的过程。

（一）角色学习与角色冲突

在个体社会化过程中，首先面临的是角色学习，即为了成为社会群体中的一员，扮演好一定的社会角色，个体必须进行角色学习。学习角色的义务与权利，学习角色的态度与情感等，以期待成为社会成员之一。

角色学习具有一定的强制性。角色学习并非易事，角色学习是在一定的社会文化背景以及社会规制下进行的，社会成员总是受到自己所在社会的各种规范的制约。

角色学习具有个体主动性。角色学习的主体具有对学习内容的主动选择性，特别是个体在信仰、职业、社会道德实践等后天领域的角色学习中占据主动选择的地位。

角色学习具有个体终生性。在人类社会中，每个独立个体的社会化过程漫长，在人的生命周期的不同发展阶段，其社会化有着不同的内容与任务，如性别角色社会化、政治角色社会化、经济角色社会化、文化角色社会化、职业角色社会化、道德角色社会化等。所以，角色学习往往是毕生所为，呈现出终生性的特点。

在角色学习和角色扮演的过程中，社会群体中多数成员期望居于在某个社会地位上的"人"应有的某种行为方式等，称为角色期待。换言之，社会群体中的他人对角色提出符合角色身份的希望，而角色则从他人的希望、关心中了解自己所充当的角色应该有什么样的行为模式，从而为此做出相应的努力。可见，角色期待是成为角色的有效手段之一。

当一个人扮演一个角色，或同时扮演几个不同的社会角色时，有时会发生内心的矛盾和冲突，称为角色冲突。主要表现在：社会上其他社会成员对同一个人的角色期待不一致，使其无所适从，无法满足各方面的需求；社会个体从充当旧角色转换到充当新角色时的不适应；社会个体同时身兼若干角色，无法满足各方面要求；社会个体角色人格同扮演者的真实人格不一致，角色扮演者对所充当的角色感到力不从心等。

（二）新闻传播者的社会角色定位

信息传播古已有之，而新闻传播者是随着近、现代新闻事业的产生而出现的新的社会分工所形成的一种新的社会职业。早在 16 世纪前后，随着意大利水城威尼斯等地早期报纸的诞生，出现了一批以收集新闻为生的专业人员，这可视为最早的新闻记者。随着新闻事业的发展，以记者和编辑为主体的新闻传播者队伍不断扩大，门类越来越多，专业性越来越强。

对于新闻传播者，社会其他成员出于自身不同的价值期许，以及人们对新闻媒体和新闻传播者的不同认识，借助一些比喻和概括对新闻传播者形成一定的角色期待，也被认为是对新闻传播者的角色定位。从社会地位而言，新闻传播者被称为"无冕之王""第四权力"等；从社会功能来看，新闻传播者被定位为"消息灵通人士""权威人士"等；从新闻传播流程看，将新闻传播者视为"信息流通的动力"；从新闻媒介作为社会信息平台来说，将新闻传播者看作"意见交流的桥梁"；从对社会机构和管理部门的权力运行监督而言，新闻传播者被视为"监督权力的守望者"；从新闻媒介作为传承与延续文化所起的作用看，可将新闻传播者视为"社会民众的教师"。

（三）新闻传播者的角色规定

角色规定是指对扮演某种角色的资格、条件及行为的规范，并为该角色个体所认同。在现实生活中，社会角色总是由其实际情况与条件所决定，并表现出一种实际行为。人们将属于某种特定角色人的实际行为，称为角色行为，它受一定的社会地位、群体压力、社会风气、社会公认的价值标准制约。

经过数百年文化积累以及新闻传播者角色期待与角色行为的相互整合，新闻传播者的角色规定可由两方面构成：新闻传播者的素质修养和行为规范。

作为社会大航船上的"瞭望者"和"最伟大的真理向导"的新闻传播者，承担着极其重要的社会与历史责任。如果将这种社会与历史责任还原为具体的职业和事业，对新闻传播者来说，就有更高的素质方面的要求。有学者总结出这样一项公式，即新闻传播者的整体素质＝长×宽×高，"长"是业务专长，"宽"指的是知识面，"高"是思想境界，并指出这样的一种素质构成是一个立体化的结构，而不是平面的或者仅仅是点与线的连接。三者之间的相乘关系，使其整体的素质呈几何级数增长。① 具体到业务专长，包括较强的社会活动能力、调查研究的基本方法、特殊的新闻敏感、出色的符号运用能力、现代采编工具的运用等，都是题中应有之义。关于知识修养，新闻传播者的职业特点要求其必须具备广博的文化知识和社会知识，也即新闻传播者的知识结构在"专"的前提下，越"杂"越好。对新闻传播者的思想境界而言，要求其有良好的道德修养和职业的社会责任感等人格境界。除此之外，还要具有较高的思想理论境界，即有较高的马克思主义理论水平，能够运用马克思主义的基本原理和方法观察、分析客观事物，对各种错综复杂的社会现象进行正确的思考和判断，通过自己的新闻报道和言论来推动整个社会的健康发展等。

（四）新闻传播者的角色责任与权利

新闻传播者的角色责任体现在新闻传播的全过程。在新闻信息采集中，新闻记者要尽可能多和尽可能好地满足新闻接受者的多种信息需求，既正确引导社会的信息需求，又满足多样化的社会信息需求，并忠实地执行新闻调控机关的命令和指示，务必使所给定的信息具有合法性和合理性。与此同时，要培养良好的职业技能，以出色的新闻敏感和传播敏感及时发现与捕获信息，不遗漏主要的信源和信息。

在新闻信息的加工与制作过程中，新闻传播者对采集到的信息进行内容与传播形式的加工处理，包括信息的取舍和过滤，其责任在于正确地把关，即合理控制新闻信息的流量与流向。对信息的选择与加工，取之、舍之有法可依，增之、删之有据可援，从而令新闻传播的调控机构、新闻接受者、新闻传播者自己"三满意"。

在新闻信息的反馈阶段，应及时了解全部的反馈信息，及时调整后续传播行为。

当然，在新闻传播者的职业生涯中，也拥有多层次、多种类的权利，即具有一般公民所具有的法定权利，也具有作为新闻传播者所具有的职业权利。主要包括：

1. 知察权。是指新闻传播者作为社会成员之一，有获得有关自身所处环境及其变化的信息、保障社会生活所需要的各种有用的信息的权利，是人的生存权的基本内容之一。

知察权还包括公民对国家的立法、司法和行政等公共权力机构的活动所拥有的知情或

---

① 郝雨，王艳玲. 新闻学概论 [M]. 上海：上海大学出版社，2003：127.

知察的权利,这是公民的一项基本政治权利,也意味着公共权力机构对公民负有信息公开的责任和义务。在新闻传播活动过程中,知察权意味着新闻传播者的职业行为不受阻碍,一切有关方面不能拒绝提供公民依法应知晓的信息,不能损害其通过正当渠道获取信息的权利。

2. 著作权。《中华人民共和国著作权法》第十条规定,著作权包括下列人身权和财产权:发表权,即决定作品是否公之于众的权利;署名权,即表明作者身份,在作品上署名的权利;修改权,即修改或者授权他人修改作品的权利;保护作品完整权,即保护作品不受歪曲、篡改的权利;复制权,即以印刷、复印、拓印、录音、录像、翻录、翻拍等方式,将作品制作一份或者多份的权利;发行权,即以出售或者赠予方式向公众提供作品的原件或者复制件的权利;出租权,即有偿许可他人临时使用电影作品和以类似摄制电影的方法创作的作品、计算机软件的权利;展览权,即公开陈列美术作品、摄影作品的原件或者复制件的权利;表演权,即公开表演作品,以及用各种手段公开播送作品的表演的权利;放映权,即通过放映机、幻灯机等技术设备公开再现美术、摄影、电影和以类似摄制电影的方法创作的作品等的权利;广播权,即以无线方式公开广播或者传播作品,以有线传播或者转播的方式向公众传播广播的作品,以及通过扩音器或者其他传送符号、声音、图像的类似工具向公众传播广播的作品的权利;信息网络传播权,即以有线或者无线方式向公众提供作品,使公众可以在其个人选定的时间和地点获得作品的权利;摄制权,即以摄制电影或者以类似摄制电影的方法将作品固定在载体上的权利;改编权,即改变作品,创作出具有独创性的新作品的权利;翻译权,即将作品从一种语言文字转换成另一种语言文字的权利;汇编权,即将作品或者作品的片段通过选择或者编排,汇集成新作品的权利;应当由著作权人享有的其他权利。

3. 监督批评权。是指新闻传播者与所有公民一样,有监督国家机关及其工作人员公务活动的权利。它是公民参政权中的一项不可缺少的内容,是国家权力监督体系中的一种最具活力的监督。它包括新闻传播者以公民的身份直接行使的监督权和公民通过自己选举的国家代表机关代表行使的监督权。除此之外,新闻传播者还有借助新闻传播媒介所进行的独立、负责地开展舆论监督和新闻批评的权利。

4. 秘匿权。也称"取材秘密权"或"消息来源保密权"。它是新闻传播者、新闻机构享有对消息提供者的有关情况进行保密的权利。行使秘匿权具体包括保护消息提供者,不对任何人泄露其姓名、职务、所属机构等情况,以免消息提供者受到打击、迫害及其他报复;保护消息提供者也是保证传播媒介拥有必要充足的信息来源。当然,秘匿权的不当使用也有可能为新闻传播者制造假新闻提供保护伞。

5. 人身安全权。是指新闻传播者无论是作为自然人还是职业的新闻信息传播者所应该享有的生命、健康、行动自由、住宅、人格、名誉等安全保障，以及不受他人侵犯的权利。

二、新闻传播者的专业理念

在新闻事业产生与发展过程中，新闻传播者扮演了极其重要的社会角色，承担着光荣而艰巨的历史使命和社会责任，并在其具体的社会实践活动过程中形成了具有一定特殊性的意识活动规律。与此同时，新闻传播者还应具有一定的专业理念。

对于新闻专业理念，有学者将其称为新闻专业主义，在其形成过程中有着不同的话语建构。最具代表性的是 J. 赫伯特·阿尔休特的观点，他将新闻专业主义归纳为四条信念：

1. 新闻媒介摆脱外界干涉，即摆脱政府、广告商和公众的干涉；

2. 新闻媒介为实现公众知晓权服务；

3. 新闻媒介探求真理并反映真理；

4. 新闻媒介客观公正地报道事实。

可以看出，阿尔休特从新闻传播业的崇高理想出发，具体地规划出新闻传播者专业理念的现实路径：客观地报道事实与反映真理，其目的是满足广大公众的知晓权，但必须剔除新闻业为公众服务时有可能出现的各种滞碍性因素。阿尔休特同时还自信地认为，这四条信念是美国、西欧和其他实行市场经济工业国家解释新闻媒介问题的根本法宝。①

美国记者赫尔顿从一个记者的视角归纳新闻专业理念为：提供真诚、真实和准确的新闻报道；必须公正、公平给予争论各方同等机会。

有关于新闻传播者专业理念的话语表达多种多样，但核心理念不外是：新闻媒介为社会公器，须为公众服务；新闻传播者应承担起必须承担的社会责任。所以，对于新闻专业理念的理解，似乎可以简化为"器"与"用"的问题，二者的综合即简化成为新闻的客观性，新闻传播者的专业理念扩而大之，可以引申为新闻事业的专业理念，即任何新闻事业的组织与机构及其从业人员必须服务大众，在其新闻传播实践活动中切实遵循真实、全面、客观、公正的原则。

新闻专业理念看似简单明了，但要真正地践行它，并不容易。赫伯特·甘斯认为，新闻媒介是有权力的新闻来源与消费者的"拔河游戏"争夺的对象；美国著名学者爱德华·赫尔曼和诺姆·乔姆斯基曾说，社会中的富有阶层和权力阶层才是真正支配新闻运作的人。研究市场新闻业的约翰·H. 麦克马那斯认为，真正的市场新闻业是在新闻部门的组

---

① ［美］J. 赫伯特·阿尔休特. 权力的媒介［M］. 黄煜，裘志康，译. 北京：华夏出版社，1989：133.

织文化中进行的。在新闻生产的几个主要步骤：发掘新闻、选择新闻和报道新闻中，新闻生产者的行动总是受到其他人的掣肘。在其几个关键性的交易伙伴——消费者、广告商、新闻来源和投资者之中，最后一个才是真正的老板。①

当然，击碎新闻专业理念梦想的不只是市场环境下媒体运行的商业逻辑，对新闻专业理念的收编还有来自政治方向的力量。这股力量往往以国家利益为借口由各级政府施压，使新闻媒体偏离其专业理念。但无论如何，新闻的专业理念以各种方式或外显或内化地予以呈现，新闻专业理念也常常在新闻传播者的意识活动中规律性地呈现。

三、新闻传播者意识活动规律

新闻传播活动是一种精神性的生产活动。新闻的意识形态性决定了作为新闻生产主体的新闻传播者的意识活动的本质特性，即传播者的全部意识活动在于通过报道新闻事实以及对新闻事实的评价，最终服务于一定的社会政治和经济基础。故而在探讨其意识活动规律时，既要考虑新闻传播者意识活动的自身规律，又要考虑它同政治与社会生活的关系。

（一）新闻传播者的意识活动具有自觉性

在有阶级、集团、党派存在的社会中，任何个体总是以不同的方式隶属于它。马克思在《关于费尔巴哈的提纲》一书中揭示人的本质时，曾深刻地指出："人的本质并不是单个人所固有的抽象物。在其现实性上，它是一切社会关系的总和。"马克思正是从社会的角度揭示了一个不可违逆的真理，即任何个体是不可能摆脱一定的社会关系的。所以，一切精神生产者以个体，即单个的人存在于社会上，但其意识活动是不可能离开一定的社会关系的。只要阶级、集团、党派还存在，阶级、集团、党派的意志就掌控着、指使着、影响着隶属于它的个体，使其必须按照阶级、集团、党派的意志与利益的要求进行思想与行动。

西方资本主义国家新闻界言必称新闻自由，而无产阶级及其政党则总是公开而明确地对其精神产品的生产者提出具体的阶级性的要求。如列宁针对"党的出版物原则"即党的新闻事业的党性原则做了这样的规定："党的出版物的这个原则是什么呢？它不只是说，对于社会主义无产阶级，写作事业不能是个人或集团赚钱的工具，而且根本不能是与无产阶级党的事业无关的个人事业。……写作事业应当成为整个无产阶级事业的一部分，成为由整个工人阶级的整个觉悟的先锋队所开出的一部巨大社会主义机器的'齿轮和螺丝钉'。

① ［美］约翰·H. 麦克马那斯. 市场新闻业——公民自行小心？［M］. 张磊，译. 北京：新华出版社，2004：46-56.

写作事业应当成为社会民主党有组织、有计划的统一的党的工作的一个组成部分。"①

也有不少人认为，在新闻传播活动中，阶级的意志、集团的要求、党派的利益，似乎是一种外加的东西，是个人精神舒展的绳索，进而认为，新闻传播者应该按照自己的、个体的、独特的思想观察、表征和传播。这种观念不仅在理论上是错误的，而且在实践中也是行不通的。

另一方面，任何社会关系都是由个体组成的，任何阶级、集团、党派也不能离开一个个鲜活独立的个体。新闻传播者正是以独立的个体生存于一定的社会集团、一定的阶级集团、一定的党派之中，抹杀这种个体的独立性是不合理的。个体意识，也是个体实践的精神内化，它既有自己独立的存在方式，也有其独特的表现方式。新闻传播者作为新闻主体，它总是通过自己特殊的思维方式，捕获社会生活中千变万化的事实，并融入自己对这一个个变化的事实的认识与评价，从而不断地报道新闻事实。因而，新闻传播者的一切意识活动对象、活动的独特方式及其成果，并不能简单地化约为一个抽象概念或一种固定的模式。

由此可见，在新闻传播活动中，一方面，阶级意识或党派意识绝不是什么外加的东西；另一方面，新闻传播者的个体存在形式及意识活动的特殊方式，也不是什么虚拟的存在，而是有着一定的必然性。同时，这二者并不对立，并且在实践中常常能实现其完满的统一。也就是说，通过新闻传播实践活动，新闻传播者已将阶级、集团、党派意识等内化为个体的内在要求，同时，又以新闻传播者个体的形式而存在。这样，新闻传播者就以一种高度自觉的阶级、集团、党派意识进行创造性的工作，生产出具有独特个性的各种各样的新闻产品来。

（二）新闻传播者的意识活动具有主体实践性

新闻传播者生活在现实的社会生活和公众之中，其主体意识在现实社会的物质世界和精神世界中形成与发展。新闻传播者的意识活动同现实生活高度融合，同广大公众的心声一脉相通。因此，新闻传播实践活动既能如实地反映客观的社会存在，也能真诚地表达民众的心声。

新闻传播者所从事的创造活动是精神性生产活动，其意识活动具有特殊性，即不断地报道人们未知而欲知的新闻事实。这样的实践活动既能如实记录社会生活中正在发生的各种各样的变化，又能预示潜在的变化。但是，新闻传播者并不是什么先知，其意识活动也毫无神秘可言。因为他植根于现实的社会生活、劳动大众之中，既是社会关系中的个体，

---

① 列宁. 列宁全集：第12卷 [M]. 北京：人民出版社，1987：93.

又是社会实践的主体，所以，新闻传播者所报道的事实和所反映的现实生活，并不是在客观世界之外，而是深深地嵌入现实的客观世界之中。新闻传播者主体意识的形成必须依赖于现实事实，依赖于客观的社会实践，而不是依赖于某种主观意识。因此，社会实践才是新闻传播者主体意识的基础。由此可见，新闻传播者的意识活动应该而且只能同生活水乳交融。脱离了客观存在的现实生活，也就无所谓意识活动。

与此同时，对任何个体来说，其社会实践活动的方式都有直接和间接两种实践方式，从而决定了社会实践并不是某个个体的个人行为，而是劳动者集体的伟大创造。正是由于这种创造，才使人们在其具体的社会实践活动中获得双向进展：其一为改造客观世界，使客观世界活动中的各种规律为人们所认识、所掌握；其二为改造主观世界，在掌握客观世界运行规律的过程中，形成改造者主体正确的观念与思想。

从本质上看，在此所言的劳动大众的心声，也就是人们在改造客观世界与改造主观世界所获得的双向进展过程中体现出来的认识与评价、愿望与心声。由此，新闻传播者一方面同一切劳动大众的心声是一脉相通的；另一方面，他应该而且也能够成为人民群众心声的表达者。人民的心声应内化为传播者个体的自觉要求，并以个体的独特的形式将其表现出来。

由此可以看出，新闻传播者的实践活动，必须依赖于客观的社会生活，依赖于千百万劳动者的伟大实践。新闻传播者主体意识活动能动性的发挥，应该而且能够更自觉地反映人民群众的愿望和要求，真实地报道群众关注的新近发生、发现的新闻事实。如实地再现现实的社会生活，真实地报道群众的愿望、要求，这正是一切优秀新闻工作者的新闻报道既能准确记录社会生活，又能引起社会公众深度关切与共鸣的内在原因所在。

（三）新闻传播者的意识活动是积极的生活反映

新闻传播者总是以积极的态度去反映客观对象和新闻事实，不仅反映其态度与思考，而且反映其情感与愿望，然后显示为客观的物质符号及其符号体系。因此，新闻传播者意识活动所呈现的对象，绝不是简单的干枯的事实罗列，应是饱含着激情的现实的、生动的生活再现。

新闻传播者所传播的新闻事实是对现实社会生活事实的一种反映。从形式看，反映新闻传播者的感觉和思维，即反映客观对象本身的特征与规律对传播主体所产生的作用；与此同时，也反映传播者的情感和愿望，反映传播主体与客观对象的关系。换言之，新闻传播者在报道新闻事实和反映客观现实生活时，不仅反映事实本身的属性、特征及其规律，而且饱含着传播主体自身的需要与目的，即同时反映着自身与事实之间互相作用的关系。因此，新闻传播者以积极的态度反映客观社会的生活与报道事实，绝不会只是将事实予以简单罗列，而应该是饱含着激情的事实，是生机勃勃的现实生活的再现。

可见，新闻传播者的意识活动自始至终充满生活的激情，以一种高昂的、积极的态度报道事实、评价事实以反映现实生活。无论以一种什么样的信息化手段，诸如文字、声音、图像，都能表达出生活本身所具有的那种事实的鲜活性与生活的现实性。

四、新闻传播者的职业道德

在整个社会有机运行的各系统中，新闻事业的特殊性与重要性是显而易见的。对新闻传播者的职业道德提出严格要求并做出具体规定，既是新闻事业发展的现实要求，也是对其自身发展过程中所遇到的各种问题的一种迫切回应。《联合国国际新闻道德规则》以及世界上其他国家的新闻职业道德标准，对新闻职业道德的要求，基本上从职业理念、职业态度、职业纪律、职业责任等四个方面予以规定：新闻传播者的职业理念涉及新闻信息传播主体的社会实践活动的宗旨，即为什么、为谁从事新闻工作。《联合国国际新闻道德规则》中提出为公众利益服务的理念，《中国新闻工作者的职业道德准则》要求新闻工作者要全心全意为人民服务，并且将为人民服务视为社会主义道德建设的核心，是社会主义道德的集中体现，也是中国新闻工作的根本宗旨。

新闻传播者的职业态度，是其工作宗旨能否得以践行的方向性导引。新闻从业者必须具有严肃、严谨、认真、踏实的工作态度。《国际新闻道德信条》指出，新闻工作者尽可能查证所有的消息内容，不应该任意曲解事实，并杜绝各种包括中伤、污蔑、诽谤、抄袭、剽窃等职业罪恶。

新闻传播者的职业纪律是对新闻工作宗旨落实的切实保障。在新闻传播实践活动中，对新闻传播者的纪律要求贯穿其工作过程的始终。在新闻信息挖掘阶段，信息获取手段合理，方式正当；在新闻信息加工阶段，态度端正，方法科学；在新闻信息复制传播阶段，渠道合理，方式公开。在整个新闻传播活动进程中，不受特殊利益或利益集团的诱惑与压迫。

新闻传播者的职业责任是新闻传播事业及其宗旨在实践领域所体现的精神高度，是新闻传播者个体及其组织的职业理念、职业态度与职业纪律内化后的综合体现。作为社会发展使命担当者的新闻传播者个体或组织机构，应该自觉地、竭尽一切努力将新闻事业作为自己为之勉力奋斗的光荣使命，而不是将其降格为维持自己生存并提供物质保障的职业性行为。所以，新闻工作者的职业责任无疑具有相当的崇高性与神圣性。

第二节　新闻受众

一、受众及其特征

受众是一定社会环境的产物，更是对于特定形式媒介供应物的一种反应。受众通常是与媒介同时存在的，当一种媒介开始对某一社会范围的成员或者一个特定地区的居民进行传播时，受众便开始存在。受众亦可以通过彼此不同但又相互重叠的方式来进行定义，诸如以"地方""时间""人群""特定的媒介""渠道形式""信息内容"等方式。① 麦奎尔的上述说法，足以使人们认识到受众的复杂性。化繁为简，所谓受众，是对大众传播信息接受者的总称，也称受传人、阅听者。在新闻信息传播活动中，受众泛指纸质媒介的读者、视听媒体的观众与听众、网络媒体的信息接受者等。

（一）受众的形成

受众形成的历史表明，当今大众媒介的早期受众起源于公共剧院、歌舞表演以及早期的竞赛和大规模表演活动，受众被视为"特定地点的实体人群"，并已于两千年前以关注世俗性的公共事件为内容，以群体的形式而存在了。

现代大众媒介的受众虽也具备上述某些类似的特征，但受众的形态已经有了很大的扩展。在媒介技术所带来的新兴信息传播主流模式的社会创新中，受众是指以某种特定的方式接受新闻信息，并对此做出某种反应的个人或社会群体。

因此，在现代大众传播的语境之下，新闻受众的形成至少要具备两个条件：即对新闻信息的接受以及某种程度的接受反应。因为新闻一经传播，其目的就是为了赢得最广泛的受众，只有这个目的达到了，新闻传播才会产生最基本的作用并实现其社会价值。反之，无受众的新闻，新闻信息传播就没有对象，导致新闻信息只能停留在"复制"层面，同时，如果受众接受新闻并无任何反应，就无法确定新闻信息对公众是否产生了影响，也就没有任何证据认为这些公众是受众。因此，受众必须和反馈行为联系在一起。严格意义上说，新闻信息的接受与反馈行为的主体即为接受主体，接受主体作为与传播主体相对应的另一主体性存在参与整个新闻信息传播过程。值得注意的是，接受主体的反馈行为是复杂

① 丹尼斯·麦奎尔. 麦奎尔大众传播理论［M］.崔保国，李琨，译. 北京：清华大学出版社，2006：306.

的，既可以是直接的，也可以是间接的，反馈可大可小，可多可少。

追而溯之，早期大众传播媒介组织与机构对于受众的分析与研究，来自广告商及其组织对报纸发行量的调查。那时报纸的读者就是潜在的消费者，而广告的价格是由报纸的发行量决定的。特别是美国的广告商为了防止虚报报纸的发行数量，于1914年联合组织了"报纸发行数字稽核局"，通过各种途径调查报纸的发行量。之后，大众传播媒介机构和传播研究者开始有目的、有步骤地研究受众，以确认某种媒介在何种环境下使用不同的传播手段所能产生的实际效应。

到了20世纪50年代前后，随着传播研究进入一个较高的发展阶段，受众的角色与地位问题也进入了研究者的视野。研究者越来越意识到，受众作为传播活动的起点与最终归宿，既具有自身规律，也对传播内容、传播手段与传播效果起着决定性作用。因此，了解受众与研究受众，便成为所有媒介从业人员必须强化的意识与共识。

在大众传播媒介迅速发展的今天，面对讯息的大量复制与输送，受众却很少对传播活动做出明显反应，特别是对于传统媒介信息传播的反应更少。原因在于大众传播不是面对面的交流，它具有反馈的不易性。这导致大众传播媒体在对广大受众进行传播时只能采用逐渐摸索情况的方法，一边传播，一边试验效果、测验反应。也可以说，虽然当代大众传媒不断走向发达，但是信息的反馈则更多呈现出间接性与潜隐性的状态。

（二）受众的特征

一般而言，大众传播媒介的受众具有以下特征。

1. 受众数量众多。新闻传播者无法同受众面对面地"分别"交流，即使传播者力图以某一特殊类别的受众作为传播对象，这些受众的绝对数量也是极大的。

2. 受众是"自由"的，其新闻信息接受行为具有随机性。传播者对于这些"自由"的受众没有任何约束力和强制力，受众进入或退出传播活动都是完全自由的和随机的。虽然受众有自身较为固定的接受习惯，也会受到社会团体或其他团体的制约，但其自由性在一般情况下不受传播者的控制。

3. 受众是"匿名氏"。传播者可以从年龄、性别、信仰、受教育程度、经济收入、职业范围等方面了解自己特定的受众群，但不知道自己媒体的受众具体是哪一个人。

4. 受众分为不同的层次和类别。在同一层次或同一类别中，受众之间具有某种相近或相似的生活经验、情趣、爱好和信息接受习惯。

5. 在时间或者空间上，受众与传播者是分离的。这也是大众传播与人际传播最突出的区别之一。

（三）受众研究的理论观点

"受众"一直是颇具争议的研究范畴，虽然受众研究有不同的目的，彼此之间的差异现象频现，但所有的研究共同目标是"建构""定位"或"分辨"此种无组织的、流变中的，或者是人们并不熟悉的社会群体。因此，对受众的研究也就出现许多差异极大的结论。

1. 个人差异论

该理论认为人的性格和态度不同，决定他们的倾向和行为也会不同。这一理论的基础是"条件论"和"个人动机论"。美国传播学家梅尔文·德弗勒将个人差异概括为以下几项：个人的心理结构不同；先天禀赋与后天习得不同；学习中所形成的态度、价值观与信仰不同；学习社会理论所形成的观点不同。所以，个体是有差异存在的。

受众的"个人差异论"使人们认识到：受众不像一群绵羊一样任人驱赶；受众有鲜明的个性，他们对事、对物有自己的观点；他们会对不同的传播内容有不同的反应。

"个人差异论"是使"魔弹论"趋于破产的重要理论。"魔弹论"理论来源于心理学家巴甫洛夫的"条件反射"理论和弗洛伊德的心理分析理论。第一次世界大战后，受众曾被认为是一种静止的靶子，如果传播者的信息能击中"靶子"，就能影响受众。受众总是被动的并毫无反击意识与能力，他们受强大的传播媒体的力量摆布和控制。于是，传播媒介被认为威力无边。对此，施拉姆说，他在别的地方曾将这一观点称作传播的枪弹理论。传播者被认为是枪弹，它可以毫无阻拦地传播观念、知识和欲望……传播似乎可以将某种东西注入受传者的脑子里，就像电流使电灯发亮一样直截了当。他同时认为"枪弹理论"观点不是一流学者的发明，它虽然广为流传，但从未得到一流学者的拥护，而只是一种记者的发明。可以看出，"枪弹弹论"是传播学者对一种不分时间和地点、不讲环境条件，将传播数量与传播效果绝对化和神化的观点的一种比喻性概括。

2. 社会类别论

人们可以按年龄、性别、种族、信仰、收入、教育、职业、居住地等，划分不同的社会类别。同一社会类别的人，大体上选择同类的传播工具，接触较为一致的内容，并且做出相近似的反应。

3. 社会关系论

受众的社会关系是在职业行会、教育、政治、娱乐等组织中所形成的某种关系。这种社会关系对受众的信息反应也会产生潜在的影响。

4. 文化规范论

此种理论认为传播媒介及其传播的内容可以使受众产生新的观念，改变其固有的态度和行为，于是，传播媒介就成为社会控制的一种，即成为一种文化规范。人们在观察认识与理解事物时，会受到传播工具所控制的文化规范的影响。

文化规范论与"议程设置"理论，以及麦克卢汉的"多种平衡"理论相联系。这种理论认为：传播媒介的效果和作用在于引起人们的注意力。大众传播只要对一些问题予以重视，集中报道并忽视或掩盖对其他问题的报道，就能够影响公众的舆论，成功地将大众的注意力集中到传媒所希望集中的领域或问题之上。人们倾向于关注和思考大众传播媒介关注和报道的那些问题，按照大众传播给各个问题确定的重要性次序分配自己的注意力。大众传播通过调动受众的注意或安排问题的轻重次序，间接地达到影响舆论、左右人们的观点和思想的目的。对此，丹尼斯·麦奎尔做出精辟的评论。他认为，早期的研究几乎对有关于大众媒介效果的概念都予以怀疑和否定。"议题设置"则对传播的效果持肯定的态度，因为它不涉及态度的改变，也不涉及意见的改变，而主要涉及的是注意与学习的问题。

如果将以上关于受众的四种理论予以概括，可以有如下表述：人们都是传播媒介的广大受众中的一员，每个受众对传播内容的反应各不相同；但同时，具有共同经验和相同社会关系的受众似乎有相似的反应；更重要的一点在于，人们作为受众，必然受到整个传播经验的影响。

二、受众在新闻传播过程中的地位

新闻传播是一个复杂、有序的运动过程，受众是新闻传播者传播新闻信息的直接对象。传播者与受众，在整个传播过程中构成一对矛盾关系，二者之间既互为前提，又相互作用。正是这对矛盾，决定了受众在整个新闻传播过程中的地位。

(一) 受众的受动性与能动性

受众是新闻传播活动的生产者与消费者。在新闻传播活动中，传播者有一个非常直接的目的就是把新闻信息传给受众，即真实地、客观地向受众报道新近发生或发现的具有广泛认识价值的新闻事实，报告社会生活的变动情况。从传播者的角度说，受众是新闻的接受对象，处于受动的地位。即受众不仅是接受传播者传给他的关于新闻事实的描述，还要自觉不自觉地接受传播者对这一事实的认识和评价，或者说，接受传播者内化于新闻事实之中的思想、价值倾向，甚至情感。另一方面，受众作为消费者扮演媒介产品享用者的角色，并用自身的消费行为创造出所有媒介拥有者所看重的价值——注意力；而媒介产品即大众媒介生产的信息、形象、思想、娱乐等，只不过是吸引受众来到作为生产现场的媒介前面，在享受所谓的"免费午餐"的同时，奉献出自己最重要的价值，即注意力。从这个角度上讲，媒介最重要的产品其实是受众。媒介拥有者根据受众的质量，依据其年龄、性别、文化程度、收入、购买力的强弱等人口指标，将受众"打包"销售给广告商，向广告客户收取费用。因此，媒介企业想做的其实就是将受众的注意力抓住，以便出售。

因此，从新闻传播的活动流程来看，新闻信息从传播者到新闻媒介再到受众，受众处于受动的地位，具有受动性的特征。它不仅要接受传播者传给他的新闻事实，有时还要接受传播者传达的思想与倾向的影响。但是，受众处于受动的地位，并不意味着它处于被动地位。任何新闻事实经过传播以后成为新闻，而一旦成为新闻就是一种独立的存在物，它不再以传播者的意志为转移，传播者也无法再改变它。当新闻以独立的内容与形式成为受众接受的对象时，受众则会用各自独特的方式选择性地理解、评价与接受它。在接受新闻的环节或过程中，受众处于主动地位，具有能动性的特征。其能动性主要表现在：

1. 化潜在意义的新闻为现实意义的新闻

新闻传播者所提供的由新闻要素或新闻事项所构成的新闻，在被受众接受以前，处于一种潜在的形式。换言之，在新闻传播过程中，传播者所发掘出的新闻作品的价值，在受众接受之前只能具有潜在的意义，只是一种"可能性"的存在。因为，新闻事实经过媒介复制传播后也只是新闻事实的一种记载，只有当它被受众接受以后，新闻价值的"可能性"才能转化为现实性。或者说，新闻事实及其作品价值的潜在形式，只有当受众接受以后，才能变成受众接受的现实形式。

2. 化潜在形式的思想与倾向为现实形式的思想与倾向

新闻事实中所包含着的传播者的思想与倾向，在被受众接受以前，是一种潜在的自在的形式，只有当受众经过自己的再认识、再理解以及再评价以后，这种潜在的形式才成为受众接受的现实的形式。

由此可见，受众在新闻传播过程中的地位具有双重性：作为新闻输出的接受对象，它处于被动地位，具有受动性；当新闻作为受众认识与评价的对象时，受众又具有能动性，并以自己独特的二重接受方式，化潜在的新闻事实及其所包含的思想和倾向为现实的新闻以及思想和倾向。这应是对受众在新闻传播过程中所处地位的全面认识。

（二）受众与新闻的关系

在新闻传播过程中，传播者将事实变为新闻事实并经过媒介的传播成为新闻，这一过程中受众对新闻而言，具有双重性：其一，受众是新闻的输出对象；其二，新闻又是受的接受对象。

在考察受众同新闻的关系时，首先必须肯定的是，受众作为新闻的输出对象，即受众的任何认识、评价必须依赖于事实，依赖于新闻所提供的事实。如果说，新闻的事实与意义完全取决于受众的感觉、解释和评价，那么，就永远没有新闻的真假与是非之辨了。所以，从本质上来说，受众的认识与评价有赖于新闻。另一方面，新闻最终要被受众所接受，如果没有任何受众接受，新闻就没有意义。因此，从这个意义上讲，没有受众就没有新闻，没有受众接受的新闻只能是一种潜在的存在形式。受众的能动性恰恰就表现在将这种潜在的新闻存在形式通过接受变成现实的存在形式。

由此可见，从整个新闻传播过程来说，新闻的独立性是相对的：在本质上，它是独立的且不以受众的意志为转移，受众的接受对新闻有依存性；在过程上，新闻的存在以受众作为前提，没有受众就没有新闻，受众的接受使新闻具有存在的意义。

三、受众接受的心理过程

受众在新闻传播过程中不仅仅是一个重要的环节，更是新闻直接的、现实的肯定形式：新闻为受众的接受提供了对象，受众的接受则是对新闻存在意义的肯定。传播者传播任何一则新闻，无论是其中提供的新近发生或发现的事实，还是包含在这一事实中的思想、倾向、意义，均必须为受众所接受。受众接受新闻时的心理过程，对理解受众本身以及衡量新闻传播效果，均有重要的意义。

（一）受众接触大众传媒的动机

在通常情况下，人们接触大众传播媒介是由于他们预期媒介可以帮助他们满足某些实际的需要。作为个体的人接触媒介是有某种动机的，他使用媒介所提供的内容与形式的结合物来满足自己的需求。在这种情况下，媒介才是受众的接触"对象"。有研究人员将受众接触媒介所获的"报酬"分为两类：一是接触媒介时其直接需求得到满足的"即时报酬"；二是期待着为其生存、进步与发展等目标的实现起某种作用的"延迟报酬"。在这种情况下，动机是行为发生的直接动因，动机可以是有意识的，也可以是无意识的。

受众的动机在受众需要的基础上产生，它是引起和维持受众个体接收新闻信息并使这一活动趋向某一目标新闻的内部心理过程或内部动力。新闻受众的需要是受众个体的一种内部状态，通常是以期望、意向等形式表现出来的，它是隐藏于主体内心的一种心理活动，这种心理表现不能完全体现在受众的行为上。

不可否认，许多受众在接受新闻时不一定有什么特定的目的和具体的目标，随意接触并使用媒介的大有人在。所以，根据受众的需要与动机的目标之间的关系，新闻报道只有不断捕捉受众具体想获知的需求的时候，才可以紧紧抓住受众的"注意力"。

受众的需要大致可分以下几类：其一，为满足精神上的需要，如寻找乐趣、打发时间、了解国内外发生的新闻事件等；其二，是为了满足生活上的需要，如寻找解决困难的办法、寻求购物的参考资料、增加与人谈话的谈资、间接与社会接触等；其三，是为了满足知识上的需要，如增加新知见闻、满足好奇心、了解别人对事物的看法，等等。

（二）受众接受的心理过程

受众的接受是一种特殊的积极的综合性的心理活动，它表现为由接受对象引起的一系列复杂的心理活动过程。从表面上看，这一过程是短暂的，甚至连自己都意识不到。受众接受一则新闻时会立即做出以下判断，何时、何地、发生何事。其实，在这短暂的瞬间，受众的心理活动过程是十分复杂的，它涉及视觉、听觉、表象、记忆、联想、想象、情感、思维等若干种心理和认知因素的相互作用，并处于十分复杂活跃的运动状态，以形成积极的综合的心理反应。同时，受众接受的心理活动，既不同于科学的理性认识，又不同于艺术的审美感受，它有自己的特色。在受众接受心理过程存在的诸种心理因素中，感知、情感、理解的积极、综合运用是构成受众接受心理过程的基础。

1. 感知

受众的感知，包括感觉和知觉两种心理因素。所谓受众的感觉，指的是受众对新闻个别属性的反应，它是受众接受新闻的起点。当人们接触到某则新闻时，首先是通过感觉获得了直观材料，尽管这些个别材料之间联系并不密切，它却是人们理解这则新闻所提供的新闻事实的基础，离开这些个别材料而理解新闻，是难以想象的。人们的感觉主要靠感觉器官，而受众接受新闻的感觉主要靠视听器官，从而获得新闻事实中那些个别的重要的材料的印象。而受众的知觉，就是在感觉的基础上，对新闻个别的、重要的材料进行综合的、整体的反映。一般说来，知觉与感觉区别在于：知觉不只是反映事物的个别属性与特征，而是把感觉的材料整合为完整的印象，即形成表象。因此，受众接受新闻的知觉不再是一般地获得新闻事实中的那些个别、零碎、重要的材料，而是把这些个别重要的材料联合起来，形成有关新闻事实的完整印象。

受众的感知具有选择性特点。受众的感知不仅能形成对新闻事实的整体印象，而且还能把握住这一新闻事实中的那些突出的细节，进而更好地把握这一新闻事实。选择能力的强弱，反映了受众接受新闻能力的水平的高低，凡是接受能力强的受众，通过感知不仅仅把握新闻事实是何时、何地、何人、何事，事实的来龙去脉、发展、变化，而且还记住事实的细节。由此，一个优秀的传播者，在报道新闻时，不满足于只把事实交代清楚，而精心地筛选、过滤，写出事实、人物的真实细节来再现新闻事实的发生现场，其原因也在这里。

受众的感知还具有情感性特点。受众的感知，在形成对新闻事实完整印象的同时，情感也参与其中。这种情感因素，不仅使受众在感知新闻事实和形成新闻事实的表象，而且同表象一起储存在记忆中。人们的感知是在一定社会条件作用和影响下逐渐形成的，任何一次感知都有以往的感知经验作为基础。当人们感知事物时，很自然就会利用以往的感知经验来补充，与以往的经验形成了暂时联系，在接受当下的感官刺激时就有了情绪色彩。

2. 情感

受众的感知居于受众新闻接受心理过程的起点。受众接受一则新闻，不仅只是获得对这一新闻事实的整体印象，还要进一步理解这一新闻事实，即受众不仅要知道什么事，还希望知道为什么。从心理活动过程来看，情感是受众感知、理解的中介。因此，情感也是受众接受心理过程中十分重要的心理因素。

一般来说，受众在接受新闻时，情感这种心理因素是十分活跃的，总是参与感知并互相作用，成为感知的动力，使受众在接受新闻时保持一种情绪色彩。情感的这种作用，大致可分为以下两种情况：当受众感受到新闻事实是新鲜、奇特的时候，情感便会增加受众的注意力，强化感知，形成强烈的印象；当新闻事实同受众比较接近时，情感会帮助受众联想，激起一定的情趣反应，增强选择性。当然，由于情感因素具有主观色彩，因此，不同的受众接受新闻时，情感色彩是不同的。

由此可见，对传播者来说，报道新闻不仅要注意自己的情感态度必须是正确的、健康的，而且还应该注意新闻事实的新鲜、及时、容易引人兴味。

3. 理解

所谓理解，就是受众在感知表象及感性认识基础上，对新闻事实的理解把握。理解在受众接受新闻的心理活动中的重要作用表现在：它要引导感知、情感的趋向，透过新闻事实的直观形式本身获得对这一新闻事实所包含的思想内容，甚至倾向的把握和认识。从心理学的角度来看，受众在感知新闻事实时，是第一符号系统在发挥作用，使受众获得关于新闻事实的表象。与此同时，作为第二符号系统，语言也在起着调节、引导的作用。于是，受众就有了关于这一新闻事实的表象。没有语言的参加，表象是无法形成的。而语言和语言材料都具有一定的概括性，这就很自然地使受众在对新闻事实的表象的把握中带有理性成分，使受众能在接受新闻事实的同时，理解也包含于其中。

受众接受新闻时，心理活动是活跃的、复杂的，它总是从感知新闻事实开始，情感因素参与其中并起推动作用，使其能完好地理解新闻，进而使受众完全把握新闻并认识到其中包含的意义。

四、新闻受众的心理特点

作为新闻受众，其心理特点一般表现为：

1. 随意性。受众在媒体种类和媒体内容的选择上有较大的随意性。这主要由新闻信息的特点所决定，新闻信息与强制性的信息不同，其主要功能是向受众传递社会上新近发生或发现的事实，在信息的接受上不带有任何的强制性。所以，受众不必精神紧张地、一定要带有什么主观目的地去接受新闻信息。选择何种媒介及其信息、接受多少，主动权完全掌握在受众手里。

2. 交融性。受众在接受新闻信息的同时，常常会受到其同时所处的感性世界和媒介世界的双重影响。感性世界即人们通过感官直接接触到的外部的、客观的物质世界。媒介世界即通过媒介对感性世界模拟或抽象之后所形成的精神性的拷贝世界。在感性世界与媒介世界的交互作用下，形成受众的心理世界。

3. 互动性。是指在新闻活动中，传播者与受众以及受众和受众之间，通过新闻媒介或人际交往所表现出来的心理上的相互影响和相互作用。新闻传播者与受众之间借助新闻媒体间接进行着相互作用与相互影响，其中，受众对于传播者往往借助于反馈机制，或间接或直接地施与一定的影响；除此之外，新闻在人际扩散中受众与受众之间在心理上也具有相互影响和相互作用。

在具体的新闻接受过程中，受众的心理往往会呈现出一定的共同特征：

1. 认同。认同指在新闻接受过程中，受众倾向于选择接受与自己具有接近性的新闻。如受众易于接受与其利益、生活环境、职业、兴趣爱好、知识水平相接近的新闻，并表现出一定程度上的集体选择的倾向。这种心理认同的深刻根源在于受众的"知觉定式"。

一般而言，受众的"知觉定式"同自幼的生活与知识经验是直接相关的。人们在长期的社会实践过程中，相对稳定的生活环境和工作内容、知识、兴趣、爱好的积淀、利益的需求等种种经验，就为人们"知觉定式"的形成做了充分的准备，凡与自己经验比较接近的事物就容易表现出积极能动的选择趋势。这种选择趋势导致受众对与自己接近的新闻产生集中注意，使其处于一种认同的心理状态。同时，受众的经验积累越丰厚，"知觉定式"就越显著，认同心理状态就越活跃，接受倾向也就越集中。这也是新闻传播者在新闻传播过程中注意新闻的接近性的原因所在。因此，要得到比较好的传播效果，传播者必须注意、了解自己受众群的"知觉定式"。

2. 求新。受众在接受过程中，总是要求获得"新"的信息。从本质上讲，求新是受众不断追求心理需要满足的一种表现。受众之所以喜欢从各类媒体上获取新闻，其中一个重要的原因就是想知道社会生活中新近发生的新闻事实，以便适时地进行自我调节，求得自我适应于社会。这种动机与状态在心理学中被称为"事实性动机"。在通常情况下，如果人们处于安全确定的情境，即无新奇、无风险、无挑战的环境中，是极少能够引起兴趣的，处于"体内平衡"的状态，而"事实性动机"可以使人们形成情绪的"体内失衡"的状态，并转化为人们求新的心理动力。在新闻传播过程中，求新使受众接受新闻时始终保持一种活跃的精神状态，同时，也成为新闻传播活动生存、发展的现实的强大动力。

3. 共振。共振指的是受众在接受新闻过程中，对某些新闻容易产生情绪上的共鸣。新闻传播过程中出现的所谓"轰动效应"，就是这种共振情绪的具体表现。在新闻传播中，共振所表现出的心理特征是一种"共同注意"的集体指向，是一种情绪的共鸣与集中发散，是受众的情绪的凝结和宣泄。

新闻传播所触及的"热点"即受众共同关切的问题，新闻传播绝不能忽视报道社会生活中的各种"热点"，只有这样，才能收到良好的传播效果。但是，这种共振可以指向积极的目标，也可以指向消极的目标。因此，如何掌握"热点"问题报道的时机、分寸、内容的选择、形式的运用，都是新闻媒体必须予以认真考虑与处理的问题。

从受众对新闻的接受而言，认同是基础，认同中包含着求新心理的内在要求；求新心理则是一种新的认同的表现，一旦认同，求新心理专注到某些问题上，就会出现接受过程中的共振现象。这种情绪共振又以认同和求新心理满足为前提条件。因此，在新闻传播过程中，对传者来说，最重要的应该是及时地传播与受众接近并为人关注的新鲜事实，这才可能形成比较稳定的受众群，并使其保持接受心理的活跃状态，从而达到最佳的传播效果。

五、受众的社会控制

受众对新闻传播的社会控制主要以"前馈"和"反馈"的形式进行。所谓"前馈"就是受众在信息传递前对传播组织提出的要求。所谓"反馈"就是受众对信息传播的反应，以及传播组织依此相应地进行调节。反馈和前馈的形式主要是受众通过来信、来电、来访，直接表达受众对大众传媒的各种意见和批评，以及受众通过报纸订阅率、广播收听率、电视收视率、网络媒体点击率等显示自己对传播的意见。另外，传播组织也通过其他形式，如对受众进行调查、开座谈会等收集受众的意见。具体而言，有以下几种反馈类型：

1. 典型性反馈。受众为数众多，传播者采用科学的方法选择其中具有代表性的反馈信息作为全体受众的反应，这种具有代表性、典型性并经过科学方法处理的反馈称为典型反馈。一些受众的来信或其他形式的反应，经过调查、统计、信息处理具有一定代表性，因而会受到传播者的注意，并根据反馈的信息采取相应的措施。

2. 累积性反馈。传播者往往将一段时间以来各种渠道的反馈积累起来，经过研究后再做出反应，特别是公众对于传播内容的意见和要求，延迟性的累积反馈更为常见。

3. 量化性反馈。在大众传播中，大部分反馈信息都是以定量化的形式收集和测定的。定量化形式包括电影的票房收入、广播电视节目的收听率和收视率、唱片及书籍的销售量等。大众传播的反馈需要由具有相应规模的专门机构来收集、分析和研究。著名的电视收视率调查机构有："尼尔森公司""普尔斯公司""央视索福瑞""零点调查公司"等。这种反馈形式也称为间接性反馈，对于反馈信息的获得，除了受众主动采取的来信、来电、来访等方式外，一般还采用个人访谈法、电话访问、日志法，以及机械装置法等。

六、新闻媒介的受众定位

新闻媒介的受众定位具体指新闻媒介明确自身目标受众人群，并以该人群的信息需求为标准进行信息传播的理念和行为。

明确媒介自身核心的信息接受人群，是在"受众本位"观念的前提下展开的，更是在对受众的地位与力量有了进一步认识的基础上展开的。加拿大传播政治经济学家达拉斯·斯密思提出了著名的"受众商品论"，认为大众传媒生产的产品不是所要的传播内容而是"受众注意力"，受众即是商品。法国的鲍德里亚在《消费社会》一书中也认为，大众传媒将终结陈旧的精英式传媒形式，并将符号和消费引入真正的大众自身地位界定之中。在消费社会中，对大众传媒来说，受众就是"消费者"。英国伯明翰学派在对电视的研究中提出了"积极受众论"，认为受众具有积极主动性。现如今，全媒体式的新闻传播进入传媒"拟态环境"的建构中。在这一过程当中，受众从大众传媒时代的被动"接受者"，变为全媒体时代的"主宰者"，实现了整体转型，大众传媒的受众观也随之改变，视受众为积极的"人"，而非消极的"物"。由此，对新闻媒介组织机构而言，明确什么样的受众是自己新闻内容的接受者、消费者与互动者，对新闻媒介信息传播的效果而言，是至关重要的。

（一）新闻媒介受众定位

媒介受众定位因标准的不同，呈现出的类型亦各异。按照受众接触的媒介类别，可以划分为报纸读者、广播听众、电视观众、网络受众等；以接触媒介的频率而言，可以分为稳定受众和不稳定受众，其中，稳定受众是各个媒体的重点争取对象；从受众对信息需求的指向性的清晰程度，以及接触新闻媒介的确定性而言，可将受众分为现实受众和潜在受众；按照新闻媒介明确的传播对象，可以分为核心受众和边缘受众。

（二）新闻媒介受众定位的考量因素

新闻媒介的受众定位就是解决向"谁"传播的问题，即确定媒介整体及其所设具体栏目明确的传播对象，具体包括一家媒体的整体受众定位和各个版面、频道、栏目的特定受众定位两方面内容。作为媒介经营策划的两大支点，媒介的功能定位主要着眼于媒介性质，而新闻媒介的受众定位是传播活动的起点和归宿，受众定位最终决定着媒介传播的成败得失。

新闻媒介的受众定位最关键的步骤，就是在正确定位的原则指导下，确定核心受众群，具体实施过程应考虑受众的区域要素、职业和身份要素、年龄要素、文化程度要素等几个方面。

第三节　新闻传播媒介

一、理解新闻传播媒介

在新闻传播的过程中，传播者的目的就是把新闻传递给受众。如果没有新闻媒介，这个传播的通道将被阻塞，传播者所采集、过滤、制作的新闻也就无法到达受众那里。因此，新闻媒介是传播者将新闻传递给受众的"桥梁"，是新闻传播活动赖以实现的中介。

（一）新闻传播媒介是新闻传播活动赖以实现的中介

在新闻传播过程中，作为"中介"的新闻媒介的重要作用主要表现在：

1. 把潜在形式的新闻变成现实形式的新闻

新闻传播者面对现实生活中千变万化、每时每刻都发生着变动的事实，根据新闻事实的客观性并依照自己主观的目的、意志、要求，进行选择、过滤、加工与传播。但是，新闻事实在新闻传播媒介的复制与传播之前，受众是无从知晓的。所以，新闻只具有潜在意义，它以新闻事实以及加工后的某种形式存在。我们只能把传播者采集、制作而未经新闻媒介复制与传播的新闻称为"潜在形式"的新闻，即新闻事实的"加工物"；把经过新闻媒介复制与传播之后的新闻称为"现实形式"的新闻，即新闻新闻事实的"加工物"作为"潜在形式"的新闻与新闻是同质的。因此，新闻媒介的作用并不是制作新闻，它只是复制、传播新闻，而不能对新闻做任何性质的改变。

2. 把新闻传递给受众

新闻传播媒介是传播者和受众之间的"桥梁",是新闻传播活动赖以实现的中介。它将传播者和受众连接起来,共同参与到新闻传播活动中来,并为传播者实现传播新闻的目的。从这个意义上讲,没有新闻媒介就没有新闻的传播过程。

(二) 新闻传播媒介是中介工具

就本质而言,新闻传播媒介是工具。当新闻传播媒介作为一种物质性载体的时候,它本身既无意识也无意识行为,它的存在完全以传播者的传播行为为前提。在新闻传播过程中,它同传播者相互依存并充当其复制、传播新闻的工具,它既为传播者所掌握又受传播者所指令。因此,新闻传播媒介始终是为人服务的,并始终是被传播者所操控的,它所表现出来的力量就是复制传播者事先规定的内容所带来的。如果传播者不输入新闻媒介的任何内容,报刊就只是白纸,广播只是无意义的声波的重复,电视没有图像,互联互通的网络只是空无一物的技术平台。

由此可见,新闻传播媒介在进入新闻传播过程后,不可能离开一定的传播内容。在新闻传播的过程中,新闻媒介实际上是物质性载体与一定传播内容的统一。如果我们把物质性载体看作是新闻媒介的形式,把传播内容看作是新闻媒介的内容的话,在新闻媒介中内容就转化成了形式,形式就转化成了内容,这种内容形式化、形式内容化的过程,不仅使新闻媒介获得了现实的活力与生命,而且也使机械的、物质的媒介获得一定的传播内容。

这使我们认识到:对新闻媒介既不能只看到内容而看不到形式,也不能只看到形式而看不到内容。如果只看到一面必然会导致对新闻媒介认识的片面性与绝对化。同时,在新闻传播媒介这个统一体中,内容决定形式,即一定的传播内容决定了新闻媒介的性质与倾向;但是,形式也并不是无为的,它反作用于内容,这种反作用集中表现为,它以特有的性质和手段强化内容,增强新闻传播的传播范围与传播深度。比如,当一种新闻媒介出现的时候,首先这种新闻媒介以自己特有的属性和手段去强化内容,增强内容的渗透力与穿透力,从而表现出比原有的新闻媒介大得多的影响力量。

除此之外,对新闻媒介工具性特质的认识,还要将其置于一定的社会环境之中,传播媒介总要为一定的传播者所掌握并受传者所指令,这就决定了在一定的历史与社会中,新闻媒介具有鲜明的倾向性,它总是服务于一定的利益及其集团。

(三) 新闻传播媒介的特点

由于构成媒介的物质材料及技术手段的不同,不同的新闻媒介自然呈现不同的形态,体现不同的特点。

一般说来，新闻媒介有如下几个特点。

1. 物质性

物质性是新闻媒介的基本特性，而它具有的意识形态性内容是传者赋予它的第二特性。各种新闻媒介不同的特点很大程度上与媒介的物质材料和机械技术直接相关。新闻媒介物质属性的不同，决定了它不同的存在方式，并构成其不同的传播方式。纸张、油墨的物质载体及印刷技术手段的使用，使报刊采用文字、图片为信息编码，呈周期性的传播样态；声波及电子装置的使用使广播能实现信息的远距离传播且不受交通、气候等限定性条件的影响；通过屏幕呈现文字、声音、图像，使电视成为集声、画、字为一体的综合性传播媒介，并且传播范围广阔。

新闻媒介发展史已经证明，当一种新的物质材料和机械技术构成新的媒介的时候，这种新闻媒介可以使其传播内容完全呈现出新的面貌。这是由于新闻媒介所依赖的物质材料不同，才为传播内容带来全新的表现形式。因此，了解、掌握、驾驭媒介的物质材料的属性与技术手段，对新闻传播者来说，是至关重要的。传播者对新闻媒介物质材料利用和驾驭的能力，直接关系着传播内容水平的高低。法国传播思想家雷吉斯·德布雷在《普通媒介学教程》一书中认为：纸作为载体的大量运用，使人跳出了动物性的桎梏，将思想生产从活人复制的短周期中解放出来，这种起飞更将社会历史从动物般的停滞状态中分离出来，依次出现一种诱人的关于历史的思想。载体的非自然化、信息的倍增、历史的加速创造了 16 世纪的"欧洲奇迹"，"类似于两千年前的希腊奇迹……纸不只是一个加速器，它还是剩余的再分配者，而首先表现在金融方面。纸启动了第一次记忆的产业化，通过文字载体的大众消费，象征交换进入商业范畴。"①

2. 公开性

新闻媒介直接面对广大受众，公开性是很重要的特点。新闻媒介只要进入新闻传播流程，无论何时、何地、何人，都可以接受其所传播的信息。由于新闻媒介具有公开性的特点，所以，它追求最为广阔的空间或地域覆盖性。新闻媒介在传播空间的赢取方面有强大的渗透力和穿透力，能够最直接、广泛地影响受众并在任何时候、任何情况下，都袒露在社会和受众面前接受其检验。

3. 普遍性

新闻媒介的普遍性特点同它的公开性特点是相联系的。所谓普遍性，包含着相互联系

---

① 雷吉斯·德布雷. 普通媒介学教程［M］. 陈卫星，王杨，译. 北京：清华大学出版社，2014：229.

的两方面要义：一是指新闻媒介可以直接作用于任何人；二是指它可以适应各种不同层次的人的需要。因此，它具有最大的接受广泛性，无论是在时间范围还是空间范围，都为人们接触它提供了最大可能性。新闻媒介之所以有"席卷"社会的魔力，主要是由于它既有公开性又有普遍性的特点。

4. 变异性

新闻媒介的变异性特点同新闻媒介的物质材料和机械技术手段相关。换言之，媒介的物质材料和技术手段的变化决定了新闻媒介的变异，主要表现在：

其一，是自我完善式的变异。这是指一种新闻媒介自身的物质材料和机械技术手段的变化与更新，所导致的新闻传播手段的变化。

其二，是推陈出新式的变异。主要表现在物质生产和科学技术水平发生变化后所产生的与以往新闻媒介完全不同的新的媒介。

新闻媒介变异性的特点直接同一个社会的物质生产水平相联系。如印刷媒介，从最初的雕版印刷到泥活字，再到铅字，然后用激光排版，印刷媒介告别铅与火，迎来光和电，变化的是媒介的物质材料与技术手段，不变的是其媒介形态与传播方式。这其中所呈现出的变异的特点是自我完善和自我发展式的。

推陈出新式的媒介变异发生于 20 世纪初叶。

20 世纪 20 年代，在美国的匹兹堡，西屋电器公司的代号为 KDKA 的广播电台开始了广播，标志着以电子装置与声波相结合的电子媒介正式诞生，也宣告了印刷媒介一统天下的时代的结束，并将印刷媒介时代推向电子传播媒介时代。

20 世纪 50 年代，集声、画、字为一体的电视媒介，其综合性的传播方式作用于人体多个感官系统，使人们发现"人体的延伸"有了多个向度。

20 世纪 90 年代，互联网的兴起，不仅使媒介家族系统之中又添新媒体成员，而且也宣告了网络信息时代的到来。这些完全不同于以往的新闻媒介以其特有的媒介变化方式，构建了全新的新闻传播体系与传播方式。

二、关于媒介的分类

在自然界和人类社会中，媒介无处不在，媒介功能无物不有。关于媒介的分类，以往的传播学家提出过许多归类方法，这些具体的分类方法都是基于一定的分类标准：或着眼于媒介的物质材料、技术构成；或着眼于媒介的传播手段；或着眼于媒介使用者及其感官系统；或着眼于传播者的目的和文化层次；或着眼于媒介所载信息的清晰和明确度等。

由于媒介分类标准和角度的多元化，媒介类型也就多样化。如按照媒介的物质手段，可分为口头媒介、印刷媒介、电子媒介；按媒介的对象可分为个人媒介和大众媒介；按传播目的和文化层次可分为高雅媒介和通俗媒介、严肃媒介和大众化媒介、公共性媒介和赢利性媒介；按媒介作用于人的感官可分听觉媒介、视觉媒介和视听复合型媒介；按媒介所载信息的清晰和明确度，可把媒介分类为热媒介和冷媒介，等等。

作为大众传播媒介之一的新闻传播媒介自然就是指插入新闻传播过程之中的中介物，即新闻信息的物质载体。就近现代以来的新闻媒介而言，已经归类为传统的新闻媒介，主要有报纸、新闻性杂志、广播、电视、通讯社及新闻电影等。到了20世纪末和21世纪初，又出现网络媒体、融合媒体等。

（一）报纸与新闻性杂志

现代报纸是以刊载新闻和新闻评论为主，面向广大读者并连续印刷、发行的媒介。在一般情况下，它以散页形式和较大裁张以"日""周"为发行周期快速及时地印刷发行。新闻性杂志有定期或不定期之分，有固定名称，版式基本相同，装订成册，按顺序编号出版，以时事性内容为主。报纸与期刊作为现代新闻传播事业中共同的以文字作为传播符号的印刷媒介，虽有不少相同的功能，但也有诸多不同之处，如出版周期、提供新闻的内容与数量、所承担的传播任务，以及发挥不同的职能等均有区别。

（二）广播和电视

广播和电视都是电子时代的新闻媒介，是20世纪科技革命的产物，广播是通过无线电波或导线以传送声音为主的新闻媒介，电视是运用电子技术传送声音、文字、图像的新闻媒介。与传统印刷媒体相比较，广播电视具有传播地域与对象广泛、传播迅速、感染力强、功能多样等许多优点，但也有顺时连续播出、转瞬即逝、不易贮存保留等不足之处。

（三）网络媒体

以信息高速公路和网络媒介为主体的"第四媒体"迅速发展，已成不争的事实。网络媒体具有海量信息、传播便捷、成本低廉、交互性强、个性化、兼容性强等许多优点。而且网络媒介的服务功能——电子邮件、远程登录、文件传送、网络浏览和网络新闻等给人们提供了极大的方便。目前，基于互联网技术发展的第二代媒介——新新媒介也在信息传播的舞台上发挥重要的作用。

三、新闻媒介的组织与机构

在一般意义上，所谓机构是指机关、团体或其他工作单位及其内部结构。所谓组织是按照一定的宗旨和系统建立起来的、有一定系统性和完整性的、由个体联合而成的集体。

对媒介机构而言，一般要具备这样一些特点：

1. 有稳定的信息来源和相对稳定的传播对象。即媒介有稳定的信息产品以便源源不断地供给传播对象，并在彼此之间形成一定的互动关系。

2. 传播运作有相当的控制性和一定的自主性，即在新闻信息传播活动中，媒介他律和自律都比较活跃。

3. 在社会结构中，媒介个体以独立的形式存在和运作。①

如果将这些能够自由运作并具有相同介质、结构、功能与宗旨的媒介联合起来，使之形成一个系统或一个团体，即为媒介组织，如报业集团、广电集团等。随着不同介质的媒介机构的融合，只要具有共同宗旨的媒介机构，均可结成媒介组织，如传媒集团等。

在现代社会，新闻传播事业包括它所构成的强大的各类媒体组织，或多种媒体混合组织，以及新闻教育、新闻研究等组织。同时，各组织又包括其所构成的成千上万的媒介机构，如各种报纸、期刊、广播、电视、通讯社、网络、新闻院校、新闻研究所等，共同形成一个庞大复杂、有机运行的新闻传播网络，最终形成以传播新闻信息、引导舆论、传承文化、服务社会的多功能一体化的新闻事业和文化企业，并成为社会主流意识形态的承载体和社会上层建筑中不可或缺的结构性组成部分。

四、媒介生态系统中媒介机构的运行

（一）媒介生态系统

当今社会，新闻传播实践活动日渐成为促进社会发展的重要力量，传播学亦将媒介放置在社会人文的大环境中予以探讨。马歇尔·麦克卢汉最早提出传播生态问题；尼尔·波兹曼将媒介作为环境来研究；刘易斯·芒福德在《历史上的城市》一书中提出信息传播构成一个不可见的城市；大卫·阿什德也指出："在最宽泛的意义上，传播生态指的是信息技术的结构、组织和接近性，及各种论坛、媒介和信息渠道。"

正如生物学使用"生态"这一概念直接概括生物与生物之间、生物与环境之间的关系一样，媒介生态是审视媒介发展环境的一种视角，其核心观念就是引入"环境"与"生态圈"的概念，将关于媒介组织与机构的研究植入一个更为宏大的且无处不在的"环境"之中。

简而言之，媒介生态系统的基本构成要素是媒介系统、社会系统和人群，以及这三者

---

① 童兵. 理论新闻传播学导论 [M]. 北京：中国人民大学出版社，2002：117-118.

之间的相互关系和相互作用。媒介与个体的人之间的互动构成了受众生态环境；媒介系统与社会系统之间的互动关系构成了媒介制度与政策环境；媒介与媒介之间的相互协同与竞争构成了媒介的行业生态环境；媒介与经济系统之间的互动关系则构成了媒介的商业资源环境等。可见，媒介生态系统是由媒介机构及其生存环境共同组成的动态的、平衡的系统。

媒介生态系统是不断变化的。从媒介发展演进史中可以看出，媒介发展与社会环境的变化相跟相随。在口头传播时代，人类社会处于部落化阶段；当媒介发展到能贮存信息并使信息传播不再受到时空限制的图画传播或手抄新闻乃至印刷新闻的时代，人类社会也就脱离了部落化；当网络媒体将世界融汇为一体、地球成"村"之际，人类社会重新步入"部落化"。同时，媒介文化与社会系统也互动共生，以口语文字为主要传播手段的前现代社会，社会文化的主要形态是逻各斯域；以印刷媒介为传播载体的现代社会，社会文化的主要形态是书写域；以视听为传播方式的后现代社会，社会文化则以图像域为存在方式。① 媒介系统的变化会导致社会系统的一系列变化，反之亦然。

媒介生态系统是整体的。在信息时代，媒介与社会之间的互动更加频繁，媒介系统与其他社会系统之间形成了复杂的、有机的联系，即新闻传播媒介作为社会当中具有自身特点和结构的子系统，与政治、经济、文化、教育等社会系统之间相互作用、彼此互动并形成相互联系、相互依存的整体性生态系统。

媒介生态系统是多种多样的。就媒介系统本身而言，其"种群"众多并形成了丰富多样的种内关系与种外关系。② 以传统纸媒为例，早报、晚报、日报、周报等，虽按信息传播的时间与周期分类，但属同类媒介，由于同种个体分享共同资源，所形成的关系为种内关系。但在媒介发展过程中，传统纸媒遭遇到网络媒体，二者属异种异类，所形成的关系为种外关系。在整个媒介生态系统中，不同种类的媒介往往为占据较多的生存和发展资源而展开"媒介大战"，优胜劣汰之后形成生态系统的相对平衡。

（二）媒介生态中媒介机构的运行

完整的媒介生态系统应当包括两方面的因素：一是媒介因素，主要包括不同种类的媒介，如报刊、广播、电视、网络等；二是环境因素，主要包括对媒介的生存与发展起到决定性作用的政治、经济、文化、教育、自然资源、科学技术等因素。具体而言，在整个媒

① 雷吉斯·德布雷. 普通媒介学教程［M］. 陈卫星，王杨，译. 北京：清华大学出版社，2014：456.

② 刘建明. 新闻学前沿：新闻学关注的几个焦点［M］. 北京：清华大学出版社，2005：306.

介生态系统中，媒介机构的运行受以下几种因素的影响最大。

1. 媒介制度和政策环境

媒介制度是一个国家、社会以及政党对新闻传播事业的根本性规定，主要是对媒介所有制形式、基本性质、管理范式的规定；传播政策则是指一个国家或政党对其管理的媒介所颁布的新闻法规或一定时期某些规定的总和，包括新闻传播所应遵循的政治方向、传媒报道行为规范，以及一定的工作管理要求等。

2. 经济环境与生产力水平

媒介机构的运转通常会受此时此地经济环境和生产力水平的制约。经济活动能刺激信息需求、带动教育普及、鼓励媒体投资和扩大再生产，更为重要的是，较高的生产力水平能够为媒介运营提供日益先进的技术和物质保证。

3. 科学技术环境

文字的出现是人类社会进入文明社会的标志之一，同时，对于文字复制的愿望也使得印刷术应运而生。印刷术的发明通常被视为信息传播史上的一座里程碑，它造就了信息传播向社会下层广泛转移的契机，使其成为一种规模人群可以共同接触的传媒，并为启动公共教育提供了充分条件。时至19、20世纪，从电报、电话、电影，到广播、电视、卫星通信、计算机网络，电子媒介，尤其是网络媒体改变了原有的社会结构，构成了最为广泛的公共领域，更提供了前所未有的信息共享与主体互动。科技进步给媒介机构的更新与革命带来无限可能并使新的媒介不断出现、旧的媒介不断整合其原有功能，可以说，没有科技创新，就没有媒介创新。

（三）市场经济环境下媒介机构的运行

在法治国家，市场经济和媒介运作均已进入有条不紊的自动调节、合理控制的轨道，各种媒介的数量比例、运行模式、功能结构、资源配置和能量交换等，都处于相对稳定的状态，媒介发展潜能与环境阻力恰到好处地被置于动态的平衡之中，任何媒介的违规操作或不法行为，都会引发指责或促使其管理机构启动制裁程序。同时，任何合乎规律的需求和行为都会受到市场的鼓励和回馈。市场的自由与管理的宽松，使媒介生态系统的自控、自净能力和社会自动调节装置的监督作用得到充分发挥，并从结果上有效保持了媒介生态的平衡和稳定。

市场经济环境的特征之一，是以市场作为调整媒介资源的根本标尺，最大限度减少行政干预。

这种环境下，首先，坚持平等观念。反对媒介等级观念和制度，确立媒介不论大小均是媒介大家庭中平等成员的思想，都有其自身生存与发展的价值和权利。其次，是鼓励创新。市场永远对新鲜的东西感到好奇，媒介的发展同样依靠市场机制的不断创新。当然，市场经济环境还提倡多元发展。在一个生态系统中，物种多样是生态系统健全、完善的重要表征。同样，信息多元化、经营多元化、资源多样化，则是现代媒介企业的关键标志。

在管理范式上，重视"法律制度"管理和"经济手段"调控，是市场经济环境下媒介运行的特征之二。

加强社会管理和社会评价机制，是市场经济环境下媒介运行的特征之三。

社会管理主要是指新闻传播媒介的行业组织和社会公众对传媒的制约。这种社会管理和评价需要借助专门的行业组织和专业人士，还需要有规范可行的操作机制等，其中最重要的环节是建立行业组织和评价机制。现代科学把社会组织分为政府组织、营利组织和非营利组织，它们分别是政治领域、经济领域和社会领域的主要组织形式。在市场经济环境下，国家对传媒机构的管理越来越多地倚重于社会自身的管理和评判，以便建立完整的和负责任的监督机制，促进传媒更好发展。

第四章 新闻节目播音主持及创新发展

第一节 播音与主持认知

一、播音的概念

播音作为学科的基本概念，首先需要揭示它的基本内涵，然后对它的外延做出明确的界定，才能够成为严格的定义。《现代汉语词典》对这个词义的说明是："广播电台等播送节目。"还有种更加宽泛的理解是"指电台、电视台等传播媒介所进行的一切有声语言和副语言传播信息活动（它包括各种声音、音响、音乐、语言、文字、图像等的传播）"。这样的概念显然不是在说明某类专业的特点。事实上，我们通常是在"播出声音"这个动词的词性意义上来理解它的真实含义的。但是广播电视中播出的声音中包含着三类要素：有声语言、音乐、音响。因此，我们只是借用了它的狭义作为特定概念，即"播音员和节目主持人运用有声语言和副语言，通过广播、电视传媒所进行的传播信息的创造性的活动"。这个概念大致说明了播音员和主持人所从事的专业工作的性质，并排除了广播电视中的另外两个声音要素——音乐和音响。也就是说，音乐和音响不属于"播音学"的研究范畴。

（一）播音的内涵——广播电视有声语言的传播

播音是运用有声语言进行艺术创作的活动。它不仅是依据稿件来进行有声语言再创造，还包括"无稿播音"的各种话语艺术。从口头语体来分类，可以分出朗读语体、演讲语体和谈话语体等。有声语言存在三个基本要素——语音、词汇和语法。对这些要素进行不同程度的艺术加工，使之语音清晰规范，用词形象生动，表达明白晓畅等，就成为有声语言艺术。

1. 语音清晰规范

播音是一种媒体语言，而媒体又是面向大众的。大众传媒本身要求信息有较高的清晰度、可懂度和可感度，同时由于它对社会的影响广泛，因此，必须承担相应的社会责任。推广规范的全民族共同语——普通话，就是其中的一项重要社会责任。实现广播语言文字的规范化、标准化，是普及文化教育、发展科学技术、提高工作效率的一项基础工作，对社会主义物质文明建设和精神文明建设具有重要意义。广播电视工作者应该模范地贯彻推广普通话的方针政策，成为语言文字规范化的宣传者和实践者。在人们的心目中，广播电台、电视台播音员、主持人的语言就是标准语言，许多模棱两可的读音问题，在实践中往往以他们的语言为榜样。所以，目前国家对播音员、主持人的普通话水平要求较高，这一方面是为了向社会示范；另一方面也是为了达到最通晓、最广泛、最生动的传播效果。要满足这些要求，播音员、主持人就必须不断锤炼自己的有声语言，使自己的播音语言准确、清晰、圆润和富于变化。

准确是指吐字发音要合乎规范，发音部位和发音方法要准确无误。在语流中，尽管存在音变、语调等的影响，但都必须遵循普通话的规范，在语音准确的基础上，提高语言的表现能力。例如，对声母中发音部位相同的 n 和 l，要把握住它们之间不同的发音方法；而对发音方法相同的 z、c、s 和 zh、ch、sh，则要把握住它们之间不同的发音部位等。播音吐字的准确度要求很高，它的规范性要求也更为严格。

清晰是与含混相对的。它不是指声音的大小，而是指字音的纯净度。例如，有些播音中有一种"音包字"的现象，就是指一味追求声音的响度，却忽视吐字清晰的情况，"音包字"往往会影响语义的表达，给人只留下声音大的印象；反之，孱弱的声音也不利于语义的清晰表达。可以说，播音对吐字归音清晰度的要求要高于对嗓音的响亮度的要求。

圆润是播音吐字的第三项基本要求。如果说吐字归音的准确、清晰指的是"字正"，那么圆润则就是指悦耳动听的"腔圆"了。人们常常把吐字的圆润比喻为"珠落玉盘"，但是，这里的"珠落玉盘"和其在曲艺说唱中的含义并不一样，曲艺说唱是用抑扬顿挫的曲调来表现艺术效果，而播音则需要通过嗓音来反映汉语音节本身的音乐性，从而达到圆润的效果。

富于变化是吐字归音在表情达意方面的最终要求。规范的对立面是变异，语言的变异使语言偏离规范，而过于严苛的规范又会导致语言的僵化。语言就是在这种对立统一的过程中不断丰富和发展的。语言来源于社会生活，反映着生活现象，播音要表现丰富多彩的社会生活，就不可能拘泥于固定的模式，这就决定我们的语言是活泼、生动、富于表现力的。著名作家萧伯纳就曾说过："有五十种说'是'的方法，就会有五十种说'不是'的方法。"因此，在播音实践中既要强调语言的规范化，同时也要提倡语言的生活化、大众化。

2. 选词形象生动

有稿件的播音可以不需要考虑选词用句的问题，但是没有稿件的播音就要求播音员能够出口成章。如果没有良好的语言修养是难以"成章"的，即便"成章"也可能会佶屈聱牙，晦涩难懂，不能称为"华章"。特别是主持人大多是在交流状态下使用有声语言的，更应该注意这方面的语言修养，要求选词用句准确、适度、得体、规范。既要尊重历史词语发展的一般规律，还要考虑约定俗成的社会习惯，恰当吸收并引用一些新的词汇。选词用句必须遵循以下三项原则。

（1）普遍性原则。广泛使用、普遍知晓是现代汉语采用新词汇，并加以规范的重要条件。因为普通话词汇是以北方话为基础，首先就要考虑这些词汇在北方方言中是否普遍使用。例如，"马铃薯"有多种词汇概念"土豆儿、洋芋、洋山芋、洋芋头、山药、山药蛋"等，在北方更多的地方称它为"土豆儿"，我们就可以认定它是规范词汇。北京土话里一些俚俗方言，如"各色""耗子""旮旯儿"等就不宜采用。

有的古汉语词汇过去带有文言色彩，但沿用至今，已经家喻户晓，也可以通行。如"诞辰""百姓""拂晓""琢磨""推敲"等。

同一概念有多种语词形式，没有重复的必要，就可以选择一种来加以规范。选择的标准就是看哪一种使用的频率最高、最普遍。如"洋灰、水门汀、水泥"中，取"水泥"；"巧克力、朱古力、巧格力"中取"巧克力"等。另外，缩略语也要服从约定俗成的使用习惯，如"中国人民政治协商会议"简称"政协"，但是把"杂技艺术家协会"称为"杂协"显然不合适，得不到大家的认同。再如，大家已经习惯把"彩色电视机"叫"彩电"，"筹集资金"叫"集资"，"挖掘潜力"叫"挖潜"等，使用这些词汇不会引起歧义，所以一直沿用至今。

（2）必要性原则。无论是古汉语、方言词，还是外来语的引用，都要考虑是否有补充普通话词汇的必要。如果普通话词汇中已经有了相应的、确切表达的词汇，就没有必要另外引用其他词汇。如上海话中的"白相"（玩）、"辰光"（时间）、"马路"（公路）等，普通话里已经有了明确的表达词汇，就没有引用它们的必要了。

引入外来词汇也必须遵循这个原则，"饼干"没有必要叫"曲奇"，"激光"没有必要称"莱塞"，"话筒"不应该再叫"麦克风"等。由于社会新事物的不断涌现，有时很难用相应的词汇来表达准确的含义，于是出现了一些新词和借用词。如"反思""磨合""强势""打造"等。至于"三明治""汉堡包""热狗"等音译词都是特指国外的某种食品，所以也就沿用下来了。

（3）意义明确原则。普通话里所普遍使用的古汉语，都是已为大家所熟知、所了解的，意义很明确；反之，一些含义不明、晦涩难懂的古语词，如"鼎辅""葳蕤""蹭蹬"等，没有普遍应用，因此也没有采用价值。

普通话所采用的方言词汇，也要求是意义明确、普遍知晓的。如采用"香肠"而不用方言的"烟肠""酿肠"，采用"西红柿"而不用"番茄"，采用"钞票"而不用"铜钿""纸字""银纸""票子"等。

汉语吸收外来词的历史远在张骞出使西域的时代就出现了。如从波斯语（伊朗）中吸收进"葡萄""琵琶""石榴""狮子"等，从梵语中吸收进"玛瑙""玻璃""罗汉""刹那"等。汉语还吸收了许多少数民族地区的语汇，如藏族的"哈达""热巴""酥油"，维吾尔族的"热瓦普""冬不拉"，朝鲜族的"金达莱""伽倻琴"，满族的"萨其马"等。现在习惯使用的"胡同""站"等语词也都起源于蒙古族。汉语对外来语的吸收，往往原来是借词，后来另造新词。主要还是为了明确表达词义。有的在音译的过程中，有不同的注音方法，应以国家语委确定的统一标准来施行。

3. 表达明白晓畅

如前所述，播音表达就是指广播电视节目内容的播报方式。从口语表达的角度分析，播音表达可以分为：转述式播报、陈述式报道、阐述式评论、叙述式交流、描述式解说等。这些口语表述方式在广播电视传播实践中都客观存在，也都具有各自的特点和应用范围。

（1）转述式播报。适合代表组织、团体或权威人士发表文论或言论，也适合对文学艺术作品的朗读。它曾经是广播电视中一种主要的语言表达形式，是在"三级审稿播出管理体制"以及"录播机制"下派生出的一种制播手段。它依托的是一种朗读语言或者说是"有稿播音"方法，它也是当前播音学的主要研究对象。只要广播电视还需要发挥"转述"作用，这种语言形式就会长期存在，仍然具有较高的应用价值。例如，政府文告、新闻公报、评论文章、文传电讯等，都需要用转述式播报，才能够准确、鲜明、生动地播报出去，随意地加词改句都是不严肃、不适当的。

再例如播送一些经典的文学作品（小说、散文、诗歌等），就只能用朗读转述的方法来表达，而不可能用其他的方法。因为这种语言表达准确、清晰、生动、形象，所以当广播诞生之初，就被一直沿用至今。1906 年的圣诞节前夕，当加拿大裔工程师费森登在人类广播史上，首次播出广播节目时，人们听到的就是费森登朗读《路加福音》的声音。在我国，这种语言传播形式已经发展成为一门学科——播音学。可以说，正是这种广播朗读方法发展并完善了中国播音学。

（2）陈述式报道。时效性强是广播电视新闻的独特优势，有时它甚至可以与新闻事件同时、同步报道。这种时效的发挥主要依赖记者在新闻现场做目击式口头新闻报道。但是，能否真实、客观地报道新闻事件，迅捷、准确地揭示新闻价值，取决于记者的口头语言表达能力。

例如，记者在奥运会比赛现场，边看边说，边走边播，具有极强的现场感。他所陈述的赛场实况，生动活泼地反映了运动员在奥运会赛场为国争光、奋力拼搏的激动人心的场面。主持人灵活调动各个场地最精彩的内容，使听众在有限的时间里，身临其境般地领略奥运会赛场的气氛。

（3）阐述式评论。它通常是主持人在广播电视中即兴发挥，就某些社会事件或新闻事实发表的观点性评论。这是主持人以新闻评论员身份出现时，普遍采用的话语方式。主持人的评论源于事实，高于事实。有时是观众目击事件，却又难以表达出来的感想可谓言其心声；有时说出了观众没有意识到的内容，使观众有种茅塞顿开的感受。

（4）叙述式交流。这主要是指在广播电视节目中以谈话形式出现的话语方式。中央电视台《实话实说》节目在全国曾有很大的影响，创办者之一孙玉胜认为："纪实和谈话是当代电视的两个最重要的元素，新节目的创造和现有节目的提高都离不开这两大基本元素的开发和组合。因为只有纪实和谈话才能使电视接近真实，而接近真实就是接近观众的心理和电视传播的本质。谈话不是一个新概念，但是对谈话节目的使用，不少电视从业者却是经历过一次次全新的认识。"

广播电台中夜话节目、谈话节目也都很受听众的欢迎，这与主持人的叙述能力密不可分。这种叙事能力并非都是先天因素，主要还是后天获得的。因为叙述方法是有一定规律的，按照一定的规律来培养和提高自己的语言能力，就能够变得机敏而健谈。

（5）描述式解说。在广播中一些大型活动的直播，需要现场解说，以弥补受众只能听不能看的遗憾。例如，球赛解说、演出实况解说等。电视中大量的画外音也属于这种解说性质，因为它是对视觉信息的补充性说明和描摹，以加深受众的感性认识。

广播中的电影解说、戏剧演出解说，也都具有描述性特点，这样的解说需要使用描述性的语言来表达。

（二）播音的外延——语境制约下各类播音语体的传播

陈望道先生曾提出："修辞以适应题旨情境为第一义，不应是仅仅语辞的修饰，更不应是离开情意的修饰。"原意是指运用书面语言，要考虑环境因素的影响。我们称它为"语言环境"，简称语境。口头语言同样也受到语境制约，我们把经过艺术加工的有声语言，称为"有声艺术语言"，凡是在广播电视中运用话筒进行再创造的有声语言，都属于有声艺术语言。但是，不同的语境对语体的选择和语式的运用都有不同的要求，广播电视中各类节目的不同语境就是制约播音语言的特定条件。

播音就是一种口头语言形式，从语言材料的运用角度分析，可分为"有稿播音"和"无稿播音"的概念；从应用语言学的角度分析，在现存的播音方式中至少涵盖了三种口头语体形式：播读（朗读）、阐说（演讲）和谈话；而播读语体又可分为新闻（三大文体播读）、文学（朗读）和诗歌（朗诵）等，阐说语体又可分为报道、评述、解说等，谈话语体又可分为访谈、交谈和侃谈等。

张颂在《广播电视语言艺术》一书中曾说："广播电视播音主持语体研究是一个综合性、实践性很强的研究方向。它的任务是，系统研究各类广播电视节目播音主持的语体特征以及与之相适应的教学训练体系；分析不同言语形式与心理机制、生理机制的关系，研究创作心态差异和肌体反应差异对语言表达模式的影响。它以辩证唯物主义为指导思想，以调查研究、个案研究、系统研究、比较研究为主要研究方法。该方向将立足于总结我国广播电视播音与主持的丰富实践经验，吸收相关学科的理论研究成果，构建中国广播电视主持语体的理论体系。"[①] 需要说明的一点是，任何一种语体现象都不会孤立存在。各类语体间必然会存在互相渗透、相互交叉的情况。特别是广播电视的语境可塑性较强，这就出现了适应性语体的多种变化。

1. 播读语体。在一些转述播报类节目中，传播是单向的，没有直接交流对象，也不需要接受反馈。播音员依据文字稿件进行语言艺术再创造。这样的播报方式是朗读式的，运用的就是播读语体。例如新闻播报、文学作品播读等。如何在不增减文字稿件内容、不允许"播错一个字"的要求下，来完成"理解稿件—具体感受—形之于声—及于受众"的艺术创作，并不是件轻松的事情。

2. 阐说语体。阐说语体是以有声语言为主要手段，以体态语言为辅助方式，针对某个具体问题，鲜明、完整地发表自己的见解和主张，阐明事理或抒发情感，进行评述性报道的一种语言艺术。常用于广播电视的现场报道、现场解说、新闻点评或重大题材的现场转播中。阐说语体就是要在瞬息万变的新闻事件中迅速做出反应，进行准确的点评、生动的阐发。

3. 谈话语体。谈话节目是通过广播电视媒介再现或还原日常谈话状态的一种节目形态，通常是"面对面、一对一"人际交流式的。谈话节目通常由主持人、嘉宾（有时还有现场观众）在演播现场围绕话题或个案展开即兴、双向、平等的交流。

根据上述分析，播音的基本概念可以表述为：播音是在广播电视等大众传媒节目语境下所从事的有声语言艺术创作活动。

---

① 张颂. 广播电视语言艺术：中国广播电视语言传播研究 [M]. 北京：北京广播学院出版社，2001：58.

至于原"播音"概念中涵盖的另一个因素——副语言,《中国语言学大辞典》中做了这样的解释:副语言的"狭义指有声现象。如说话时气喘,嗓子沙哑或者尖溜溜、吃吃笑,整句话带鼻音,某个字音拉得很长,压低嗓音打喳喳,结结巴巴说话不连贯等。这些是伴随话语而发生或对话语有影响的,有某种意义,但是那意义并非来自词汇、语法或一般语音规则"。美国语言学家 C. L. 特拉格教授是最早提出"副语言"概念的学者,但他认为:"副语言现象不属于语言,不能归入音位系统。"由于这个问题还存在许多不确定性,所以,我们在这里不加以讨论,暂且把它放在传播学的非语言现象中认识。

二、主持的概念

"主持"是人们在探求广播电视规律的过程中,寻找到的一种比较符合广播电视特点的传播形式。如果只是用"有声语言创作活动"来说明主持行为显然是不够的,因为"主持"行为使用了包括语言和非语言在内的各种有效传播方式。它不只是播出的最后一环,而且需要协调和控制整个传播过程,营造某种传播氛围。我们可以把播音看作是一种语言艺术,而主持则主要是一种交流行为,需要在传播过程中加以考察。

(一) 主持的内涵——广播电视的交流性传播

"主持"这个概念来源于"主持人",这是借用的外来语。但是即便是外来语,词义也在不断地变化中。例如在美国,播音员和主持人并没有明确的分工与不同。他们认为:"我们使用播音员这个术语,因为其保持着一般的使用习惯且仍然适用于广播行业工作的描述。但这一过时的术语最终将被取代。一个现代的演播者不可能再简单地播音。他或者她娱乐他人,与他人交谈,报道新闻,并且提供情感的共鸣,但是很少用旧时期播音员那样的古板程式化的方式来陈述一个节目内容。"

从上面的分析中可以看出,"播音员"和"主持人"的身份区别并不是问题的关键,他们的工作方式和行为特征才是需要揭示的基本内涵,《中国播音学》中曾对当时我国传统播音与主持人节目播音的现状做过如下分析,如表4-1所示。

表4-1　传统播音与主持人节目播音比较

	传统播音	主持人节目播音
创作起点	一篇稿件	一次节目
创作依据	文字稿件	文字稿件、提纲、资料、腹稿
内容提供	由编辑提供成形的稿件	由创作集体提供成形的稿件或自编
播音方式	以播读为主的录播方式	以交谈为主的直播方式
创作位置	第三人称的客观述评	第一人称的主导地位

虽然上述表格并没有列出"播音与主持"所有行为特征的可比项，但仍可以看出传统播音和主持人节目播音的重要区别仍然是"播读"与"交谈"的不同。如果说"播读""录播"是"单向传播"模式，那么"交谈""直播"显然就是"双向交流"模式了。因此，"交流传播"应该是"主持"的基本内涵。

"主持"是从节目形态的变化中产生的传播行为，这种节目形态的显著特点就是双向交流。这就是它与传统节目"单向广播"模式的本质区别。传播学的一个重要原则是："信息是共享的。"有效传播是一个双向的过程，只有不断地调整"传"与"受"之间的关系，才有可能达到共享的目的。如何在大众传播的过程中创造出"交流情境"，几乎是所有主持人节目努力的方向。从这样的认识角度可以得到许多合理的解释，例如，主持人所谓的"人格化""个性化"是由于真情交流的需要，面对不真实的人就不可能展开积极的交流；交流的情境是双向的，交谈又总是在平等的"主客关系"中进行的；日常生活中的人际交流和团体互动一般都会有一个主持者，把这种交流形式引入广播电视，就必须有"主持人"。

（二）主持的外延——各类广播电视节目的交流性传播

"主持"的外延主要是指主持不同节目内容的传播。例如新闻类节目主持、综艺类节目主持、谈话类节目主持等。因为主持人是相对固定在特定的节目中的，且要求与节目共同形成鲜明的个性。这与传统意义上的播音员很不相同，播音员并不要求固定在某个栏目中，甚至可以实行轮班式播音。

主持人节目内容的专业性特点，要求主持人具有较为深广的与节目内容相关的专业知识。主持人的知识储备和积累是个长期的过程，并不是只通过狭义备稿就可以完成的。在直接面对受众交流的过程中，主持人必须持之有故、言之成理。

1. 新闻类节目主持。主持这类节目要求具有较高的新闻素养、较强的新闻敏感，能够准确把握新闻价值，迅速形成报道角度。所以，新闻节目主持人往往是大众传媒的"旗帜"，具有无可替代的权威性。由于责任重大，他们主要由资深记者、新闻评论员来承担。事实上，首创"新闻节目主持人"这个语词概念的初衷，就是要选择一个在新闻报道的"接力赛"中能够发挥冲刺作用的新闻传播者。

2. 综艺类节目主持。综艺类节目主要是以文艺内容为主的节目形式，具有明显的艺术特征，主持人需要具备一定的艺术素质。

3. 谈话类节目主持。这类节目方兴未艾，内容也涉及方方面面。根据美国学者斯克特的分析，"在既包括信息性节目又包括表演性节目的众多谈话节目中，可以归纳出四大类型：新闻信息节目；杂耍喜剧访谈节目；人际关系、自助、心理和日常生活节目，以及为特殊观众服务的特别谈话节目"。这类主持人具有的共同特点是通才练识、善解人意、妙语连珠。

4. 专题类节目主持。这类节目几乎包罗万象，根据节目的特定宗旨来设置相应的节目主持人。如体育节目主持人、气象节目主持人、读书节目主持人、金融节目主持人、法律节目主持人等。这类主持人通常都是由与栏目所涉及的内容有相关专业背景的人员所担当的。专家型主持人对栏目内容阐述透彻、分析精辟、观点权威，深受大家的欢迎。

5. 服务类节目主持。这类节目都有明确的服务对象，指向明确。主持人和受众关系融洽，仿佛朋友一般，如"鞠萍姐姐""董浩叔叔"就已经深入"童心"。作为服务类节目主持人，必须了解自己的对象、服务于自己的对象，才有其存在的价值。

三、播音与主持的关系

虽然播音与主持概念不同，但是它们却存在许多共同点。例如，主持人在话筒前说话，那就是"播音"。因此，可以认为，播音有更为宽泛的含义，它不仅仅是有稿件依据的播音，还应该包括脱口而出的述评、谈话等语言现象。事实上，它是广播电视中多种口头语体的表达方式。不仅播音员、主持人需要掌握话筒前的语言技能，广播电视记者在现场报道时也需要这种语言能力。之所以说"主持"是节目的传播艺术，是因为主持除了需要运用语言传播以外，还需要把握更多的非语言传播技巧。因此，"播音"不能涵盖有声语言以外的传播行为，而"主持"也不可能取代语言再创造的"播音"艺术。

从传播过程来分析，"主持"需要借助播音的语言表达手段，"播音"也需要补充主持的非语言传播方式。"主持"是目前公认的比较理想的一种传播方式，它不仅运用语言手段，还运用了许多非语言手段，传播的信息量大，信息共享程度比较高。但不能因此武断地认为"主持人节目"是现在和今后广播电视唯一的节目形式。如果那样认识问题，广播电视也就无法发展了，节目就太单调了。一些概念是在发展中形成的，昨天被称为"播音员"，今天成了"主持人"，说不定明天又成了"网络秀"……但也许他们都可以被称为媒介传播者。现代传媒需要的传播者是多种多样的，不能以一种模式来强行规范。检验的标准就是社会传播实践，学科建设也必须是经得起实践检验的科学体系。只要我们发扬科学的精神和求实的态度，"主持艺术"必将成为学无止境的艺术宝库。

在广播电视中，播音和主持是既相区别、又相联系的传播活动。但无论是"播音"还是"主持"，都是一种传播行为，追求传播成效是它们共同的目标。这些传播行为总是在一定的语言环境条件下进行的，不同的节目语言环境有不同的表达方式，目的是达到最佳的传播效果。

第二节　播音主持的艺术属性

一、播音主持艺术的基本属性

（一）播音主持语音发声的属性

1. 自然属性

（1）生理性：语音发声声源的振动靠的是人体的发音器官，即声带和共鸣腔。胸腔、喉腔、口腔、鼻腔都是共鸣腔。其中，最灵活的是口腔，口腔通过舌、齿、唇和软腭的变化而变化。鼻腔共鸣主要通过软腭的升降运动和声束冲击硬腭的不同位置来调节。

（2）物理性：通过人体发音器官这一声源的振动，引起空气的振动而产生振动波，也就是声波。

以上两者也统称为生理物理性。

2. 社会属性

（1）心理性：通过所表达的内容（包括事实、道理的说明阐释和思想、情感的表达抒发）来打动受众，是播音主持语言传播的本质要求。语言的产生和接收理解的过程是人的心理活动的过程。

（2）艺术性：播音员主持人对内容形式把握程度的不同、表达技巧运用水平的不同，都会产生迥然不同的传播效果。怎样才能达到较好的传播效果呢？就表达而论，要求播音主持语言具备一定的艺术性。

3. 生理物理性、心理性、艺术性三者的关系

生理物理性是表层形态，是基础。所谓表层形态，是指有声语言的语音层面。说它是基础，因为它既可以反映一般意义的浅层信息，也可以反映特殊意义的深层信息。比如，唐代诗人孟浩然的《春晓》："春眠不觉晓，处处闻啼鸟。夜来风雨声，花落知多少。"不同学识、不同社会阅历、不同表达水平的人朗诵这首古诗时，传达出的信息内涵是不同的。

心理性是内在实质，是目的。所谓内在实质，是说有声语言的表达，是以传受双方的共鸣为目的的。传受双方能否产生共鸣，主要取决于传播内容及播音主持创作主体的表达。仍以孟浩然的《春晓》为例，如果朗诵者没有一定的社会阅历，读到"夜来风雨声"

时就不会产生联想和想象，对后面"花落知多少"，就不可能有深刻的理解。所谓深刻，就表达而言，就是加入了朗诵者的理解。没有这种深层信息，就很难展示诗中所蕴含的意味。

艺术性是手段。这是因为有声语言表达的艺术性，首先是以播音主持创作主体对传播内容与形式的认识、理解为前提的，以主体表达的方式是否合适、分寸的把握是否恰当为创作准绳的。如果没有掌握一定的表达手段和技巧，传播效果就会受到影响。因此，有了艺术性，播音主持创作主体才有可能使受众感受到语言的艺术美。

有声语言表达是否有标准？答案是肯定的。比如，音正语顺、表达流畅是一般要求，言简意赅、所言必中是创作要求，深入浅出、言近旨远则是美学要求。但无论是一般要求、创作要求还是美学要求，都离不开语言表达的生理物理性，嗓音圆润、言语规范是大众传播的基础。

加强心理性探察、着力艺术性研究、通过生理物理性展现，三者缺一不可。只有三者结合，才称得上是有声语言创作，才有播音主持语言美可言。

（二）播音主持工作的创造性

播音主持创作主体只有将自己的理解感受、审美追求融入有声语言表达，才称得上是播音主持创作。具体来说，播音主持工作的创造性表现在以下几个方面。

1. 语言交流的传播性

所谓语言交流的传播性，是指播音主持创作活动是一个"心理—生理—物理—生理—心理"的过程。播音主持与日常谈话的区别，主要表现在以下三个方面：第一，交流活动的残缺性，凭"对象感"解决；第二，除了说自己的话，还要把别人的话转化成自己的话；第三，自己代表的是党、政府和人民，是党、政府和人民的"喉舌"。

第一个方面是由传播技术特性所决定的。播音主持创作主体要做到"目中无人，心中有人"，即使"目中有人"，如现场报道、现场访谈、现场主持，仍要坚持"心中有人"，因为受众才是传播和服务的对象。

第二个方面是由语言传播特性所决定的。播音主持创作主体不能只是把稿件转化成有声语言，而且要有转化的过程，要尽可能把自己的理解、感受、个性结构系统、审美理想追求，融入有声语言。

第三个方面是由媒体性质定位所决定的。播音主持创作主体要有个性，但要符合节目、栏目的需要。

2. 创作境遇的应变性

（1）声像转化的创造性：播音主持创作主体要对稿件进行分析，通过联想、想象表达稿件内容，针对现场发生的客观事实，进行即兴口语表达。所以，播音主持创作主体要把握社会脉搏、体察人生百态、流露真情实感、传播人文精神。

（2）创作动态的适应性：包括传播的时效性、内容的广泛性和表达的日常性。

传播的时效性由新闻的时效性决定。播音员主持人应随时准备应对各种突发情况，因此，需要播音员主持人具备以下两种基本能力：一是狭义备稿能力，这是为广义备稿在创作表达方面所打的基础；二是广义备稿能力，这是狭义备稿的前提，是把握全局，增强即兴、应变能力的基础。

内容的广泛性要求播音主持创作主体需要具备驾驭全局，适应各种内容、形式、要求的能力。

表达的日常性主要体现在播音主持创作的特点上。播音主持创作的鲜明特点是创作的紧张性和连续性，因此，播音主持创作主体要反应敏捷，要有毅力和耐力，要善于"从零开始"，要树立强烈的当下意识。

（三）播音主持艺术的基本属性——新闻性

从播音主持语音发声的属性、播音主持工作的创造性，可以认识到新闻性对播音主持的重要影响。播音员主持人归属于一定的媒体，媒体的新闻传播性质决定了播音主持的基本属性是新闻性。

新闻是对新闻事实的报道，一方面明确了新闻的公开传播性质；另一方面，由新闻的公开传播性质，决定了播音主持创作主体对报道内容的选择判断和价值取向，决定了播音主持创作主体必须寻找传播内容与受众的利益共同点。不论播音主持创作主体是否自觉，主观倾向性总是寓于对客观事实的叙述之中。但主观倾向性不等于主观片面性，新闻播音强调播音主持创作主体的主观态度，目的就在于客观、公正地报道新闻事实。

二、播音主持艺术的特殊属性

了解播音主持艺术的基本属性，对于明确播音员主持人的职业身份十分必要。为了更好地履行播音主持的岗位职责、完成创作任务，我们还应当了解播音主持艺术的特殊属性。

（一）字正腔圆的蕴含性

播音主持的语音发声要求吐字如珠、声音圆润、清晰持久，即所谓"字正腔圆"。声音集中、字音准确清晰，才能适应广播电视话筒镜头的工具性能要求，做到压缩放大不走样，才能向着成为有声语言表达典范的目标努力。

1. 字正腔圆体现了声音技巧的圆熟性

播音主持要求字正腔圆，绝不意味着千篇一律、刻板不变。从发声原理看，大脑的语言神经是受到目的、情感的支配后，才调节气息与口腔唇舌，带动喉头的声带运动。正是这些用气发声技巧的巧妙使用，加上平仄声调和起伏语势的作用，才避免了普通话发音的僵硬、呆板、生涩与粗糙。

从表达要求看，在有限的时间里，要保证内容的可听、好听和耐听，需要播音主持创作主体掌握语音发声技巧。播音主持创作主体只有做到"字正腔圆"，才能进入有声语言和副语言传播的创作层面。

2. 字正腔圆涵化着体裁形式的多样性

在大众传播中，语音往往靠一个个音节的连缀而形成一段段语流，产生一定的意义，从而起到传播、交流的作用。在语流中，不仅语音会因为发音部位和发音方法不断改变、相互影响而产生音变，而且，语义、情感都在发生变化，即广播电视节目有不同的体裁，不同的体裁需要不同的表达方式。在表达实践中，"不要以为形式只是被动地作为内容的附属物，应该看到形式的巨大反作用"。"先是以读者身份鉴赏、审视其共性中布局谋篇的个性；然后是以评论者的身份辨析、考察其叙写中遣词造句的特征"。

不同的体裁有不同的特点，如消息的五个 W 和倒金字塔结构、通讯的情节和细节要素、评论的逻辑三段论结构、诗歌的平仄韵律、散文的形散神聚特征、小说起承转合的故事性、戏剧的矛盾冲突性等。播音主持创作主体要分析不同文本、不同节目的体裁特点，在把握不同体裁表达要求的前提下，对内容有所侧重和强调、有所削弱和淡化，既不违背创作意图，又能满足受众的视听需求。

3. 字正腔圆包含着思想感情的渗透性

洪堡特说过："当思想只具备一个笼统的轮廓，以纯粹、赤裸的形象出现时，它所起的反作用和它在获得更多的语言'色彩'时所起到的作用是不一样的。"① 有声语言的"色彩"不是别的，正是播音主持创作主体理解、感受到的人类精神和思想感情。如果把声音技巧、语体样态看作"形于外"的表层，那么，作品内容、思想感情便是"动于衷"的深层。

陈子昂当年经历仕途的挫折，怀着人生忧愤，独登幽州台思古抒怀。"前不见古人，后不见来者，念天地之悠悠，独怆然而涕下。"时空的浩瀚、刹那与永恒，反衬了人生的

---

① 吕鸿雁. 多维传播语境下的播音主持功能与拓展研究 [J]. 新媒体研究，2016，2（21）：142-144.

渺小、孤独与短暂，完全超越了诗人个体的情感体验，契合了人类那种受时空制约又想超越时空的生命体验。面对这样的千古绝唱，不同的朗诵者有不同的表达，从而产生了不同的艺术感染力。

"感受深刻、丰富的地方，语言就会强化，或高扬，或低缓，或加重，或停顿……以此来表示文字作品深层的意思、蕴含的感情。"要在传播目的的引导下，使思想感情有层次、有重点、有铺垫、有高潮地贯穿于有声语言和副语言的创作中。

（二）播音主持艺术的核心属性——艺术性

狭义的播音主持，特指播音主持创作主体（播音员主持人）在话筒、镜头前面对受众（听众、观众、网民）进行语言转化（文字语言转化为有声语言、内部语言转化为外部语言）的创作活动。播音主持的概念包含了"三主体一平台"（简称为语言传播"四要素"）：播音主持创作主体、受众、稿件（稿件包括腹稿）、播出平台（话筒、镜头及其周围呈现的传播小环境）。

在这四个要素里，起核心作用的是播音主持创作主体。播音主持创作主体根据自己对稿件的认识理解，根据受众的兴趣愿望和需求，通过话筒、镜头这个播出平台，实现信息共享、认知共识、愉悦共鸣的传播目的。

这里，我们可以借用德国哲学家海德格尔有关"在场"与"不在场"这一哲学概念来观照播音主持艺术创作。如果播音员主持人本人是"在场"，播音员主持人的家庭环境影响、文化知识背景等就属于"不在场"。如果播音员主持人通过有声语言和副语言所反映的内容是"在场"，而构成这些内容的政治、经济、文化等社会各个领域、各个层面的因素就属于"不在场"。那些"不在场"的因素不断地积累和巩固着"在场"的基础，它们促使播音员主持人开阔视野、不断增长自己的学识、经验，以便能正确看待和把握主客观世界；同时，主客观世界不断发生变化，要想更好地呈现"在场"的内容，必须不断深入挖掘"不在场"的因素。播音员主持人应基于"在场"又超越"在场"，让受众能够体会有声语言的信息层面和意义层面。

张颂说过，大众传播中的有声语言"要有形态转化，由文字语言转化为有声语言，由内部语言转化为外部语言，才能构成创作过程"。这说明，播音主持是一种艺术创作，是一种文字语言和内部语言的转化活动。这种转化不仅仅是声音的转化，更是理性的提升，情绪、情感的转换。转化程度的深浅，取决于播音主持创作主体自身的素质和能力。

（三）播音主持艺术理论研究的独特性

1. 适应社会需要，凸显播音主持理论的实践性。播音主持艺术理论紧密结合播音主持实践，在播音员主持人的播音主持实践的基础上，对播音主持理论进行总结、概括、提升。播音主持学科将有声语言和副语言的创作作为基础理论研究的核心内容。无论是播音主持实践还是理论研究，最终反映和适应的是不断变化发展着的社会需要和社会实践。社会需要和社会实践是播音主持实践的前提，是播音主持创作的源泉，也是播音主持理论形成和深化的坚实基础。

2. 有声语言和副语言创作，彰显播音主持理论研究的特殊性。播音主持学科主要研究有声语言，研究文本语言如何转化成有声语言。我们所研究的有声语言，不同于一般的日常口语，重点在于如何有效传播。有声语言传播的范围较广，播音主持学科在人际传播基础上，重点研究大众传播。大众传播媒介很多，如纸质媒介和电子媒介等，播音主持学科重点研究电子媒介中的广播、电视的播音主持。广播播音主持主要研究有声语言，电视播音主持除了有声语言，还要研究包括发型、化妆、服饰，特别是眼神、表情、动作等在内的副语言。如今新兴媒体不断涌现，但各类节目仍须通过播音员主持人的有声语言和副语言创作来获得有效传播，因此，对有声语言和副语言创作的研究十分重要。

3. 多学科的支撑，体现播音主持理论研究背景的深厚性。播音员主持人运用的创作手段只是有声语言和副语言，但有声语言和副语言所涉及的题材内容与范围之广，几乎可以覆盖社会的方方面面。因此可以说，播音主持学科与其他学科有着直接或间接的关系。其中，哲学、美学、心理学、文学、语言学及应用语言学、新闻传播学、艺术学等学科对播音主持理论研究来说，又是支撑学科。有了这些学科作为理论研究的基础，播音主持的学科特色更显得根基深厚，并不断焕发出新的生命力。

第三节　播音主持工作的基本原理

一、播音主持工作的性质

播音是一项创造性的活动。播音学是一门独立的学科。播音是指播音员和节目主持人运用有声语言和副语言，通过广播、电视传媒所进行的传播信息的创造性活动。播音是广播电视传播过程中关键的一环，是广播电视事业的一个重要组成部分。播音与主持既包含自然属性，又包含社会属性，既包括新闻性，又具有言语传播和艺术的属性等。这众多属性同时发挥作用，构成了播音的性质。同时，这众多属性又不是平均用力，作用均等，其中，新闻性占据举足轻重的位置。新闻的真实性原则，使得播音创作中播音员情感的表达与演员表演中情感的表达有了质的区别。新闻的时效性、报道的连续性、政策分寸的把握，使得播音言语表达技巧区别于朗读、朗诵、讲演等，播音言语活动具有了自身的规定性。所以说，新闻性是其根本属性。

二、播音主持工作的宗旨

播音主持工作的宗旨是为党的宣传工作服务，为人民群众服务。把实现好、维护好、发展好最广大人民的基本利益作为出发点和落脚点，坚持以民为本、以人为本。

三、播音主持工作的作用

播音主持工作在广播电视传播中具有重要的作用，具体表现为：

1. 传递信息，体现态度，揭示语义内涵，表明思想实质，具有了解和认识社会的作用。

2. 传达感情，形象具体生动，吸引感染受众，具有鼓舞、教育、激励的作用。

3. 规范美化语言，建设语言文明，具有语言表达的审美示范作用。

四、播音主持工作的地位

《中国广播电视学》认为："播音在广播电视节目中的地位，可以简括为'传播前沿''中介工序''联系纽带'。"[1]

1. "传播前沿"显示了播音主持工作的重要性。在广播、电视、网络的各类节目中，信息传递的终端是播音员主持人。这一"传播前沿"的地位，显现了播音主持的独特性。有声语言和副语言的表达，不只是媒体"门面"的问题，而是决定了传播的效果。

2. "中介工序"（实现语言转化）体现了播音主持工作的岗位职能。播音主持首要的和最基本的就是将文本语言转化成有声语言和副语言。

播音员主持人的根本职责是：传播党、政府和人民的声音，引导社会舆论。从文本语言系统到有声语言和副语言传播系统，是简单的转化，还是实质性的转化，是衡量播音主持质量高低的标尺。

有声语言和副语言传播系统与文本语言系统有质的不同：①它将播音主持创作主体推至台前，充分激发了播音主持创作主体的创造力；②它要求播音主持创作主体善于将自己想说、要说，或别人说过、别人想说、别人要说的话，用自己的话来表达，借以完成传播的职责。

3. "联系纽带"表明了播音员主持人与媒体的相互依存性。当今，各级各类媒体要努

① 毕一鸣，叶丹. 播音与主持艺术概论 ［M］. 南京：南京师范大学出版社，2005：74.

力做到"上情下达、下情上达",贯彻党的路线、方针、政策,传播各项法规、政令,反映各种民生民情,以起到桥梁纽带作用。播音员主持人依附于一定的媒体,而媒体只有通过播音员主持人才能实现这一作用。除了播音员主持人外,记者、编辑、制片人、技术人员,共同组成相对受众而言的播音主持创作主体。

媒介的性质决定了新闻性是播音主持的根本属性,艺术性是播音主持的核心属性。传播前沿的地位要求播音员主持人必须正确对待、运用话语权,重视提高播音主持创作中的两个"转化"能力,切实完成有声语言和副语言传播的工作职责。

五、播音主持工作的规律

播音主持工作是有规律的,掌握其规律有利于更好地进行播音主持专业学习和开展播音主持工作。播音主持工作的规律一方面表现在播音主持理论基础知识与业务上,主要内容是把握发声、语音、表达等方面的技巧,熟悉各类文稿播读与各类话题主持;另一方面则表现在播音主持工作与人类社会发展规律、社会主义建设规律和中国共产党执政规律的内在统一上。

六、播音主持工作的特点

广播电视播音与主持是一种通过传播媒介进行的有声语言创作。从有声语言这一角度观察,它区别于生活语言、戏剧语言、曲艺语言……而具有自身的特点。这些特点以广播电视的性质、任务为根本,以国情为土壤,以民族文化为背景,以历史经验和传播规律为源泉,以提高语言的质量为目的。这些特点既涵盖了广播播音的以声传情、声情并茂,又涵盖了电视播音的声画和谐、形神兼备。

播音与主持的语言特点具体概括为:①规范性;②庄重性;③鼓动性;④时代感;⑤分寸感;⑥亲切感。

七、播音主持的正确创作道路

播音是一项语言创作活动,但它不仅仅是个语言问题。播音是创作主体(广播、电视播音员、节目主持人)站在一定的立场上,以科学的世界观为指导,对社会生活进行观察、体验、分析、综合以及加工提炼,经过艺术构思,最终以有声语言加以表现的创造性劳动。

播音能否遵循正确的创作道路,是每一位播音创作者面对的基本问题,也是每一次播音创作都必然要经历的实际问题,因此,也成为播音创作基础理论中首先要明确的重要命题,并且是播音实践中不能须臾离开的创作指导思想。

关于正确的播音创作道路，可以这样概括：站在无产阶级的党性和党的政策的立场上，以新闻工作者特有的敏感，把握国内外形势的发展变化和人民群众的思想实际，准确及时、高效率、高质量地完成"理解稿件—具体感受—形之于声—给予受众"的过程，以积极自如的话筒前状态进行有声语言的创造，达到恰切的思想感情与尽可能完美的语言技巧的统一，达到体裁风格与声音形式的统一，准确、鲜明、生动地传达出稿件的精神实质，发挥广播电视教育和鼓舞广大人民群众的作用。

正确的播音创作道路包含了丰富的内容：播音创作的原则、播音创作的源泉、播音创作的新闻属性、播音创作的自身特点、播音创作的标准和任务。它立足于播音创作自身的特点，着眼于播音创作的大环境，较为全面而深刻地反映了播音创作的质的规定性。坚持正确的创作道路，要反对"唯情论""唯美论"和其他违背创作规律的不良倾向。

八、播音主持职业规范要求和职业道德准则

播音员主持人职业规范的要求。首先是对职业道德的要求，播音员主持人要成为高尚情操的实践者，以高洁的人格、高远的人生境界激励自己，这样，在语言传播的实践中，节目中所倡导的那些精神、美德、境界才会不仅出于自己之口，而且发自于本心，才会有感染受众的魅力，使他们相信并努力实践；其次是业务要求，播音员主持人过硬的业务能力和严谨的工作作风，有助于播音员主持人全心全意完成话筒前、镜头前的创作，在有声语言的创作活动过程中，调动自己的主动性、创造性，调动自己的认知和情感，以"非说不可"的创作状态驾驭节目的进程，从而完成传递信息、传授知识、传播真理、传播真情的任务，最大限度地满足受众多方面、多层次的需求。

原国家广播电影电视总局颁发的《中国广播电视播音员主持人职业道德准则》，对播音员主持人岗位规范有明确的要求。

（一）播音主持职业规范要求

1. 牢固树立党的宣传员和新闻工作者的责任意识。具体包括以下内容：①广播电视播音员主持人所从事的事业，担负着传播先进文化、弘扬民族精神、维护国家利益、促进经济社会发展、推动人类文明的崇高使命和社会责任；②热爱祖国和人民，珍视国家和人民赋予的权利，全心全意为人民服务，为社会主义服务，为党和国家工作的大局服务；③忠诚党的新闻事业，坚持党性原则，坚定执行党的路线、方针、政策；④自觉遵守宪法和法律、法规；⑤保守国家秘密；⑥真实报道新闻，正确引导舆论，努力传播知识，热情提供服务，不断满足广大人民群众的精神和文化需要。

2. 自觉维护祖国语言的纯洁。播音员主持人是有声语言工作者，普通话是汉语普通

话节目的播音员主持人的工作语言，因此，坚持使用标准的普通话播音主持，应该是最基本的语言要求。那种夹杂方言、夹杂外语、带有港台腔调的播音主持，都是不符合播音主持语言规范的。

《中国广播电视播音员主持人职业道德准则》对语言的使用有更为具体的要求：广播电视播音员主持人要积极推广、普及普通话，规范使用通用语言文字，维护祖国语言和文字的纯洁，发挥示范作用。不模仿有地域特点的发音和表达方式，不使用对规范语言有损害的口音、语调、粗俗语言、俚语、行话，不在普通话中夹杂不必要的外文。用词造句要遵守现代汉语的语法规则，语序合理，修辞恰当，层次清楚。避免滥用方言词语、文言词语、简称略语或生造词语。

3. 遵纪守法廉洁自律。要求广播电视播音员主持人在职业活动中应当履行以下义务：严守工作纪律，服从所在机构的管理，认真履行岗位职责；树立良好的公众形象和健康向上的精神风貌。

4. 树立良好的职业形象和社会公众人物形象。

（1）防止低俗之风：在播音主持工作中，坚持播出内容与播出形式的高品质、高品位，不迎合低级趣味，拒绝有害于民族文化、社会公德的庸俗报道，努力营造有利于青少年健康成长的文化环境，应该是播音员主持人工作规范中的重要一条。《中国广播电视播音员主持人职业道德准则》对此做了明确要求。

（2）尊重被采访对象：被采访对象是播音员主持人完成本职工作的合作者，尊重他们既是职业道德的要求，又是工作规范的要求。播音员主持人的言谈举止、对被采访对象的态度不仅影响着采访效果，而且也影响到采访对象和受众对媒体的看法。尊重被采访对象，首先是注意礼貌，说话不要自以为是、盛气凌人；其次要尊重对方的风俗习惯、地位身份，提问得体，不要不合时宜地提问，也不要太让对方难堪，特别是对于一些敏感的、涉及他人隐私的话题，更要尊重被采访对象，在征求对方意见后，再以对方所能接受的方式提出；最后，在对方回答问题时，要仔细倾听，不要随意打断，也不要东张西望、心不在焉。《中国广播电视播音员主持人职业道德准则》中对此提出了具体要求：采访意外事件，应顾及受害人及亲属的感受，在提问和录音、录像时应避免对其心理造成伤害。要尊重公民和法人的名誉权、荣誉权，尊重个人隐私权、肖像权。不揭人隐私，避免损害他人名誉的报道。

（3）照顾未成年受众：未成年人是广播电视重要的受众群，播音员主持人在工作中应充分注意到未成年人的特点，从内容到语言表达方式的选择，都要有利于青少年的身心健康，防止出现负面影响。

5. 勤奋敬业德艺双馨。具体表现在以下几个方面：第一，广播电视播音员主持人应恪守敬业奉献、诚实公正、团结协作、遵纪守法的职业道德，谦虚谨慎，追求德艺双馨；第二，坚持播出内容与播出形式的高品质、高品位，不迎合低级趣味，拒绝有害于民族文化、社会公德的庸俗报道；第三，努力营造有利于未成年人健康成长的文化环境，不动员未成年人参与可能损害他们性格和感情的节目，对有可能被未成年人模仿而导致不良后果的播出内容和播出形式要加以防范；第四，采访意外事件，应顾及受害人及亲属的感受，在提问和录音、录像时应避免对其心理造成伤害；第五，尊重公民和法人的名誉权、荣誉权，尊重个人隐私权、肖像权，不揭人隐私，避免损害他人名誉的报道；第六，尊重和保护未成年人、妇女、老人和残疾人的合法权益，报道违法犯罪的未成年人和性侵犯的受害者时，录音、图像应经过特殊处理，使之不可辨认，不公布其真实姓名，不描述犯罪过程；第七，同行之间互相尊重，互相学习，互相支持，开展正当的业务竞争。

（二）播音主持职业道德准则

播音员主持人首先要成为高尚情操的实践者，以高洁的人格、高远的人生境界激励自己。这样，在语言传播的实践中、节目中所倡导的那些精神、美德、境界才会不仅出于自己之口，而且发自本心，才会有感染受众的魅力，使他们相信并努力实践。

九、播音主持岗位规范的意义

1. 有助于培养严谨的工作作风。播音员主持人工作的岗位规范，是根据这一专业的岗位特点对播音员主持人提出的工作要求和规定。它是在职上岗的标准，是进行岗位培训和考核的尺度。规范播音员主持人岗位的工作，有助于培养这一特殊岗位的专业人员形成严谨的工作作风，督促他们认真履行自己的岗位职责。《中国广播电视播音员主持人职业道德准则》第7条要求：广播电视播音员主持人应恪守敬业奉献、诚实公正、团结协作、遵纪守法的职业道德，谦虚谨慎，追求德艺双馨。在最后规定的罚则中规定：违犯本准则的播音员主持人，将在行业内通报批评；触犯党纪政纪的，给予党纪政纪处分；触犯法律的，移送司法机关处理。这些要求都是为了保障岗位规范能够得以严格执行。

2. 有利于提高播出质量。播音主持工作是广播电视语言传播流程中最后的也是最重要的一环，所有前期工作的成果，都要通过播音员主持人创造性的工作来体现。同时，播音员主持人也是节目的把关人之一，一切影响传播效果的问题，必须及时发现和处理。因此，播音员主持人自觉遵守岗位规范，严格自律，才能保证工作中专心致志，一丝不苟，准确、鲜明、生动地传达出节目的精神实质，不出政治问题，不出或最大限度减少语言差错。这对于提高节目的播出质量是至关重要的。

3. 有助于塑造良好的媒体形象。广播电视是党、政府、人民的喉舌，是重要的思想文化阵地。广播电视播音员主持人的工作，不仅直接关系到广播电视宣传舆论导向，也关系到广播电视媒体的形象，甚至影响到党和政府在人民群众中的形象。播音员主持人是有一定影响的社会公众人物，应有其特殊的职业道德和职业意识要求，同时也必须有明确的岗位规范。根据岗位规范认真履行岗位职责，才能够保证播音主持工作的高质量和高效率，才能在受众中塑造良好的媒体形象。

4. 以高水平、高质量的播出，树立自己的职业形象。播出的水平与质量直接影响着内容的效果与受众对播出的反馈。播音主持岗位的规范有助于提升播出的水平、质量，从而让受众产生良好的反馈与积极的互动。在达到播出内容目的的同时又帮助播音主持人树立了自己良好的职业形象。

5. 以谦虚的态度和精湛的艺术，尊重和保护自己的职业尊严。播音主持既是一项工作，又是一门学问，更是一门艺术。在播音主持岗位上的每个时刻，从业者都要牢记在这门学问面前自己永远是不可能无所不知的，因此，要保持谦虚的态度使自己不断进步。同时，在播音主持艺术面前，更要以一种专业的姿态努力展示其独特的艺术美，让人赏心悦目。这对于尊重和保护自己的职业尊严是重要要求。

十、播音主持工作优良传统和作风

1. 坚定正确的政治方向。要做好宣传思想工作，必须讲党性，坚持党性原则。坚持党性的核心就是坚持正确的政治方向，站稳政治立场，坚定宣传党的理论和路线方针政策，坚定宣传中央重大工作部署，坚定宣传中央关于形势的重大分析判断，坚决同党中央保持高度一致，坚决维护中央权威。

2. 尽职尽责地承担职业责任。播音主持工作的地位决定了其工作者必须承担多方面的职业责任。有些责任来自工作本身，如播出的内容、质量；有些则来自受众，如对播出的反馈与互动；还有些来自作为党、国家、政府和人民群众之间的"桥梁与纽带"的作用。这就要求播音主持工作者要明确责任、承担责任，用职业责任进行自我监督，尽职尽责地完成好工作任务。

3. 全方位主动积极学习积累广博的文化知识。播音主持工作的内容不仅是通过专业学习熟练地播送稿件或完成话题主持。播音主持工作的完成需要广博的文化知识作为支撑。只有拥有了丰富的文化知识，播音主持人才能在各种稿件或各种话题中熟练调动、运用这些知识，或是加深对稿件内容的理解，或是在各类节目中发挥得游刃有余。这就要求从业者在工作生活中主动积累、谦虚学习，把自己的头脑用广博的文化知识武装起来。

4. 一丝不苟地勤学苦练专业基本功。播音主持作为一个专业，其基本理论在工作中必然起到重要作用。播音主持人在进行专业学习时要认真、专注、踏实地掌握专业基本功的每项内容。在工作中同样要做到常温习、常回顾、常反思、常总结。只有以深厚而扎实的专业基本功作为基础，才谈得上成为一名合格的播音主持人。

5. 严谨细致的工作作风。播音主持工作内容复杂，形式多变，突发情况多。这些特点都要求从业者在工作中要严谨细致地进行准备，要熟悉内容，了解形式，为各种突发情况的出现做好预案。要让这样的工作作风形成习惯，让严谨细致落实在每天的工作中。

6. 表里如一的慎独品格。对播音主持人来说，表里如一更多是指在工作与生活中个人形象的统一。播音主持人不应该在生活中展现出与工作中完全不同的个人形象。如果无法做到这一点就意味着工作中的形象只是一种表演，是作为公众人物的一种表现，不是一个真切的、真诚的发自内心的真实的个人，而这是对人民群众的一种欺骗。对公众人物而言，个人生活中充满了危险与诱惑，这就要求播音主持人要有慎独的品格，能够洞察危险，拒绝诱惑，保持工作与生活中形象的表里如一。

7. 精益求精的敬业精神。没有最好，只有更好。只要在岗位上，就要时刻用积极饱满的精神状态完成每次播音主持工作。同时，在工作与生活中要保持谦虚、积极的态度，不断充实自己的文化知识，提升自己的专业水平，追求对播音主持工作更加卓越的理解，以精益求精的敬业精神体现播音主持工作的优良传统与作风。

第四节 播音主持工作的创新发展

一、新媒体环境下播音主持的特点

（一）报道形式的多样化

在新媒体时代下，媒体报道的平台越来越多，这也使得传统播音主持行业发生很大的变化，最明显的就是报道形式越来越多样化。在传统播音主持中主要是采取综艺节目、讲解栏目等娱乐节目形式进行播音主持。而在新媒体时代下，由于网络平台的多样性，报道形式不再受到众多因素的限制，而是有了更大的发展空间①。因此，播音主持人在编制节目的时候，需要考虑到观众的兴趣，采用多样化的报道形式，吸引观众的眼球，以促进播音主持的健康发展。

---

① 陈雨潇. 新媒体时代电视新闻播音主持从业人员语言的创新路径研究 [J]. 西部广播电视，2021，42（03）：168-170.

（二）主持形式的多样化

在传统播音主持工作中，主持人主要是对节目进行介绍，起到润滑和主持的作用，但是无法与观众有更近距离的接触，这就阻碍了播音主持人的自我发展。而在新媒体背景下，播音主持人可以利用网络平台与观众进行互动，打破主持人与观众的距离，通过采用多样化的组织形式，调动观众的热情和参与感，从而提高节目的收视率。

（三）主持平台的多样化

随着现在科技水平的快速发展，各种新设备不断被研发，这也使得播音主持平台呈现多样化的特点。观众可以利用平板电脑、智能手机随时随地观看各种节目，还可以与主持人进行互动，这就体现新媒体时代下播音主持平台的多样化的特点。

二、新媒体时代播音主持的发展现状分析

（一）缺乏创新力

近些年，随着新媒体的快速发展，电视产业竞争越来越激烈，这也导致主持人同质化情况严重，一些主持人在主持节目时缺乏相应的工作经验，对于专业知识掌握力度不足，多数人都是在盲目模仿，对自己的定位比较模糊，这就容易使观众出现审美疲劳，影响主持行业的发展。①

（二）受众群体的分化

随着现代经济的快速发展，新媒体所涉及的领域越来越广泛，而且在很大程度上已经改变了观众的观念，开始朝着个性化和利益化方向发展，这也标志着传统媒体时代的结束。媒体工作开始趋向分化时代发展，从而导致观众口味发生了变化，出现众口难调的特点。尽管在新媒体时代下，越来越多的明星主持不断涌现，但是主持人的工作仍然面临极大的困境。

（三）播音主持趋向外表化

在新媒体时代，各种短视频直播和抖音平台等不断发展，每天都有大量的主持人涌现，但这些主持人大都是受外貌、才艺、音色等多种因素的影响，"昙花一现"，这也使得

---

① 董军. 新媒体时代播音主持的创新发展研究 [J]. 新闻研究导刊, 2020, 11 (16)：98-99.

一些经验丰富、专业知识强的媒体主持人被拒之门外。一些具有漂亮外貌、良好音色的主持人经过包装之后很容易成名，但是他们往往缺乏专业的知识，播音主持技能不足，对播音主持工作长远发展造成不良影响。

三、新媒体背景下播音主持的创新发展策略

（一）创新新媒体工作形式

在新媒体时代，各种高新技术产品不断涌现，作为播音主持人，需要积极学习各种新技术，顺应时代发展潮流，加强对新媒体工作形式的创新，将新媒体平台转化为自身行业发展的新路径。在面对视频化的媒体时代的时候，主持人需要打破传统工作的局限，利用新媒体平台发布作品，将传统媒体工作形式转化为网络直播形式，让更多的观众能够随时随地观看节目。同时，播音主持人还需要加强与观众进行互动，积极利用新媒体，加强传统媒体与新媒体的融合，充分发挥自身优势，及时把握新的发展机遇[1]。例如，在制作节目的时候，要积极与观众进行互动，提高观众的参与度，拉近主持与观众之间的距离，以促进自身发展。在大数据背景下，主持人可以利用直播平台、网站、微博等手段与观众进行互动，增强节目的趣味性，加强对工作形式的创新，使播音主持工作能够得到持续健康发展。

（二）深化主流媒体体制，适应融媒体传播组织架构

在新媒体背景下，播音主持人必须融入互联网中，适应主流媒体的改革，充分利用大数据、云计算等网络技术，在制作新闻的时候，要体现新媒体技术的核心作用，加强创新，充分将主持工作融入现代新媒体潮流中。并在制作节目的时候吸收更多的主流媒体元素，发挥市场机制作用，以提高市场竞争力，增强自我造血机能。

（三）积极改变主持风格

在新媒体时代下，人们的口味也发生了很大的变化，对主持风格的要求也越来越高。因此，主持人需要加强对主持形式的创新，无论是在新闻采访技巧还是综艺节目的主持风格上，都需要不断强化创新，主动抓住工作模式的重点，积极参与场内外的互动，以满足观众的需求。为在观众面前呈现出自然的状态，需要积极引用网络流行语言，使播音主持工作更接地气，赢得观众的喜爱。在播音主持工作中，要打破传统的主持模式，结合新媒

① 张梦琳. 新媒体时代播音主持的语言规范和艺术创新 [J]. 记者摇篮, 2021 (08)：159-160.

体背景进行创新，只有这样才能够提高播音主持的整体水平。

（四）提高主持人的综合素养

在新媒体时代背景下，播音主持人的角色是不断变化的，一个优秀的播音主持人，要能够采用灵活的方式进行主持，而要做到这一点，就需要具备较高的专业素养。因此，播音主持人要积极学习相关的技能，了解新媒体时代发展状况，掌握观众的需求，这样才能够满足观众的喜好。播音主持人作为社会公众人物，一定要具有较高的职业道德和责任意识。

（五）关注观众需求，增强观众意识

在新媒体时代下，播音主持工作受到了很大的冲击。播音主持工作能否在新媒体发展背景下占有一席之地，主要取决于节目的收视率，而要提高节目的收视率，首先就需要全面了解观众的喜好，并保证所编制的节目能够满足观众的喜好，这样才能够不被时代淘汰。因此，播音主持人必须以观众需求为导向，保证节目内容的大众化特点，满足大部分观众的需求。无论是哪种节目其内容和形式上都不可能完全满足所有人的需求，但是在编辑节目的时候，通过有效协调和创新并全面考虑观众的特点和喜好，搭配不同的节目形式，尽可能吸引到更多的观众。同时，播音主持人还应该具备提高观众关注度的意识，要保证信息的完整性、真实性和准确性。通过精致的节目外观吸引观众的注意力，凭借深刻的内涵留住广大受众，以推动播音主持工作的发展。

（六）加强新媒体技术与节目的结合

为了推动播音主持节目行业的发展，播音主持人需要积极利用新媒体技术，掌握全新的技能，全面发挥新媒体技术的优势，对节目进行改革和创新，例如，可以通过网络平台进行直播，发挥网络平台的优势，通过利用弹幕与观众进行互动，回答观众的疑问，让观众更好地了解事情的原因结果，提高观众的观看体验。此外，播音主持人还应该适当地调整主持风格，设置一些受众互动环节，以提高节目的吸引力，让更多的观众能够参与到节目互动中，提高观众的观看体验。

（七）转变传统观念，迎接新的挑战

播音主持工作具有一定的权威性，为了满足观众的需求，播音主持人必须转变传统的观念，全面了解观众的喜好，避免传统工作中高高在上的形象，而是要积极利用新技术与观众进行沟通，听取观众的声音，这样才能够提高播音主持节目的影响力。另外，播音主持工作人员要对播报内容进行整理和分析，在完成播报之后，需要对观众反馈进行归纳和总结，了解观众的需求，这样才能够在激烈的播音主持行业竞争中立足。在做每一档节目的时候，一定要事前整理新闻内容，满足观众需求，改变播报形式，赢得观众的喜爱。

（八） 重视民生领域报道

现阶段，随着我国经济快速发展，各行各业都发生了很大的变化，从医疗到住房、从工作到生活、从教育到就业都有了很大的改变，而这些也都是播音主持新闻报道内容。因此，播音主持人需要根据新媒体环境的特征，挖掘生活中的新闻资源，为观众提供具有时代特征的民生新闻，积极传播正能量。播音主持人应该深入挖掘社会资源，让观众更好地了解民生问题。通过报道贴合群众关注民生、具有正能量的新闻，以满足观众需求，提高收视率，只有这样才能够产生更大的社会效益。

（九） 提高播音主持语言艺术性

在新媒体背景下，出现了很多的网络用语，而这些网络用语更贴近人们生活，有时往往能够一针见血地指出问题所在。网络语言因具有生动简洁、具体形象的特点而受到广大观众的追捧。为了更好地迎合观众，播音主持人需要具备较高的语言艺术能力，要能够用语言去感染观众。在主持节目的时候，既要接地气，同时也需要保证节目理论的高度，不能随便创造词语，必须规范语言使用，减少负面影响。

第五章 新闻节目播音主持艺术创作探究

第一节 播音主持创作的构成系统

一、播音主持创作主体

（一）播音主持创作主体的身份定位与要求

1. 共性方面

（1）播音员主持人是党的宣传员和新闻工作者，同时又有具体节目、栏目的身份定位，是两者的有机统一。例如，新闻播音员作为党、政府和人民的"喉舌"，既要宣传党的路线、方针、政策，又要报道国内外发生的有关国计民生的最新事件；节目主持人一方面以个人形象出现，一方面又是节目、栏目、频道等的代表。

（2）播音员主持人要遵守新闻真实性、时效性原则和新闻工作规律。

（3）播音员主持人要遵循语言表达规律。

2. 个性方面

（1）不同的频道、栏目、节目的特点决定不同的播音主持个性

播音主持创作主体可以从创办宗旨、受众定位、选材范围、播出形态、表达风格、效果要求几个方面，分析不同频道、栏目、节目的特点。只有明确创办宗旨，才能把握节目、栏目、频道的定位，处理好全局和局部的关系。

例如，广播的文学欣赏类节目曾一度颇受欢迎，但随着时代的发展、视听工具的变革，这类节目逐渐衰落。播音主持创作主体应根据受众需要，有意识地改进节目形态和表达模式。

再如从不同的媒介分析，电视播音主持创作主体如果只注意有声语言何时抬头而不注意副语言，其传播效果就会大打折扣。同样播读一篇评论文章，电视播音员的表情、眼神

如何对应有声语言的重音、语气，都会不同程度地影响传播效果。

对节目、栏目的特点有了一定认识后，播音员主持人需要根据节目、栏目的要求，调整自己的播音主持风格。

作为公众人物，播音员主持人常常被人评论，应坦然接受公众的批评，同时分析问题、解决问题。媒体主管层和节目策划人看问题角度不同、意见不一，如果播音员主持人缺乏分析问题、解决矛盾的能力，易被不同意见牵着鼻子走。

（2）播音员主持人演播与演员表演的不同性质决定两者的不同特点

播音员主持人演播与演员表演的主要区别在于：①两者反映的真实不同。播音员主持人表达的是新闻真实，追求新闻的可信度；演员表现的是艺术真实，追求艺术的可信度。前者反映的是现实生活中真实存在的人和事，不能虚构；后者是想象中存在的人和事，可以虚构。②两者反映的感情有别。播音员主持人流露的情绪情感，是主客观事物产生作用的心理活动，符合节目需要。演员的情绪情感未必与本人的性格相符合，因此，有了本色演员和性格演员的区分。性格演员要求演员适应所扮演人物角色的心理和行为特征需要，可以和生活中的本人完全不同。

（3）媒体性质决定传播个性不同于一般的生活个性

生活中流露的个性只要不违法，不违背社会公德，任意性大，约束性小。大众传播中流露的个性，任意性小，约束性大。不仅有节目、栏目的约束，有法律、公德的约束，还有国家意志、媒体的约束，以及每个阶段政策的约束，等等。

就具体节目而言，播音主持创作主体应分析自己的知识结构和经验阅历，从而选择适合自己的节目。比如，对法律法规不甚熟悉和了解，如果主持法制类节目，在和嘉宾对话时，就很容易卡壳；对事实政策一知半解，一旦涉及有关话题就不容易表达完整。

（二）播音主持创作主体的创作活动

1. *"备稿六步"*

（1）划分层次。将相同相近的自然段归并，在大自然段中分出小层次。

（2）提炼主题。将内容的共性和个性统一起来，抓住稿件特点，揭示事物本质。

（3）联系背景。分析好上情与下情，辨明主流和支流的关系。

（4）明确目的。确定播出内容所针对的现实问题。

（5）分清主次。注意区分内容的主次关系、铺垫和高潮的关系，突出重点。

（6）把握基调。把握好表达的基本精神，处理好主旋律与变奏曲的关系，做到整体统一中又有变化。

2. 树立受众意识

（1）受众是播音主持创作主体的传播对象和服务对象。

（2）受众的广泛性和非被动性将影响播音主持创作主体的创作。

（3）受众的心理需求具有具体指向，又随节目形式、内容的变化而变化。

（4）受众对节目的反馈既有浅层、显性的，也有深层、隐性的。

3. 运用有声语言表达规律

（1）思维反应律。

（2）词语感受律。

（3）对比推进律。

（4）情声和谐律。

（5）呼吸自如律。

（6）自我调检律。

二、播音主持文本主体

（一）文本主体的含义

文本是指创作依据，即创作素材。文本主体是指形成播音主持创作依据或创作素材的精神实体。

文本既包括节目、稿件、画面、音乐、音响等外部语言文本，也包括话题、现场直播这两个新节目形态下产生的内部语言文本。

（二）文本主体的构成

1. 节目

（1）有明确的节目宗旨和节目方针。

（2）有特定的节目名称。

（3）有一定的内容取向。

（4）有相应的表现风格。

（5）有一定的时间长度和播出时间。

2. 稿件

（1）有一定的体裁形式。如新闻类，包括消息、通讯、评论、专题报道、专访等；文艺类，包括小说、诗歌、散文、文学、戏剧专题等。

（2）有一定的层次结构。有完整的文字稿，有提纲，有单篇，有组合，有整点新闻，有综合板块，等等。

（3）有相应的表达方式和语言样态。要熟悉文本结构，理解精神实质，选择表达方式。内部语言（腹稿）也要按照语言传播的规律组织结构，传达其思想内容和精神实质。

3. 话题

（1）有一定的话题题目。如关于全球变暖可能造成的影响，可以由"对动植物的影响""对农业的影响""对人类健康的影响"等几个题目构成一个接一个的话题，作为节目编排的线索，启发人们对问题的思考。

（2）有围绕中心或主题的线索。如健康话题，什么是健康、怎样保持健康、什么有损健康等，不论从青少年人的角度，还是从中老年人的角度，从晨练的角度，还是从用脑卫生的角度，所有的谈话都离不开"健康"这条线索。

（3）有创设话题的立意。话题立意有高雅、粗俗之分，有些话题结构不错，表达也感人，但立意不高，给人留下的思索空间就会显得比较窄。做一档节目如果考虑主题立意，又注意到角度的选择、细节展示的意图和重点的把握，那就可以避免出现为讲故事而讲故事的"流水账"现象。

4. 图像（画面）

广义的图像是指诉诸受众视觉器官的视频信号。狭义的图像是指电视摄像拍下来的一个个镜头画面。

应当特别重视电视图像的两个基本特征：一是运动的特征。既指被摄体的运动，如人物、动物等，也指摄像机的运动，如推、拉、摇、移、跟、升、降等；二是连续的特征。主要指图像与图像的组合，有连贯性、韵律感，能够产生图像语言，有表意性。

远景可表示宽广博大之意（一般远离被摄体观察点来拍摄）；全景可宣泄情绪、制造气氛（一般呈现成年人全身或场景的全貌）；中景可突出人物动作、感情、关系（一般呈现成年人膝盖以上部分或场景的局部）；近景可描绘人物心理活动和细节（一般呈现成年人胸部以上部分或物体的局部）；特写着重强调人体的某一部分（如眼睛、拳头、手、脚等）。

"画面组接"会有哪些表意作用呢？

（1）直接切换：可起"逗号"的作用。

（2）淡入淡出：可表"另起一段"的意思。

（3）放慢转换：可起"分号"的作用，如表抒情、表同时，等等。

（4）重合叠加：往往产生"回忆、幻想"的效果。

影像画面和书面文字不同。央视编导、资深策划冷冶夫认为，只有把画面当作第一语言，才能真正发挥电视的传播功能。作品和产品不同，作品更强调创作意图。如历史纪录片就应该被当成作品看待。

电视摄像的创作意图通过镜头画面的表意功能得以实现。所谓中性、开放性，实际上是由作者思想视野的历史客观性所决定的。这是摄像编导基于现实，又和现实保持一定的距离，站在人类历史发展的特定高度对题材内容和镜头画面做出的取舍。

作为播音主持创作主体，当我们懂得电视图像的优点是具体、形象、丰富、生动；缺点是感性多、理性少，形象易、抽象难，拍实易、摄虚难之后，一旦需要结合画面进行有声语言和副语言创作时，就得注意扬长避短。

电视图像语言（或曰画面语言、镜头语言）之所以要纳入播音主持视野并引起我们的高度重视，是因为电视是让人看的，播音主持创作主体要考虑如何让接受主体更好地领会电视画面中所展示的一切。因此，必须注意摆正言语出声在节目中所处的位置，特别是配音解说。任何喧宾夺主的行为，都会引起接受主体的反感，影响视听效果。

5. 音乐

无论在广播电视节目还是在网络节目中，音乐元素总是不可或缺。将音乐归属于文本及文本主体，有利于有声语言和副语言创作的提高。

音乐是指由有组织的乐音所形成的艺术形象。音乐能表达思想情感，反映社会生活，有强烈的感染力和广泛的社会性。而节目音乐能借助音乐表述节目内容、深化主题思想、烘托环境气氛、抒发人物感情、推动情节发展。

音乐和有声语言、电视画面、电声音响的关系是：有序组合、互渗互补、融为一体。

在播音主持节目中接触较多、值得关注的广播电视音乐有以下几个特点。

（1）标志性

如中央人民广播电台的开始曲、中央人民广播电台《新闻和报纸摘要》的片头曲、中央电视台《新闻联播》的片头曲，等等。

这些标志性音乐一般都较短，一旦固定、长期播放，往往能让受众一听到音乐就想起节目，引发受众对节目的视听欲望。对播音主持来说，节目的标志性音乐，还起着营造节目环境气氛的作用。

（2）描述性

如笛子曲《苗岭的早晨》一响起，就能把受众带入苗家古老山寨的情境中。音乐从舒缓到热烈，让受众不难想象：白茫茫的晨雾散开了，毛茸茸的鸟儿叽叽喳喳亮开了歌喉，森林醒、炊烟升、牧童放牧，苗寨开始沸腾了……这样的音乐配合节目的描述，能增加节目的吸引力。

（3）导向性

如中央电视台《艺术人生》节目，用《今夜无人入眠》的优美旋律，让嘉宾和现场观众从纷乱的思绪中慢慢静下来。音乐打开人们的心灵之门后，主持人的引导时机就出现了，很容易让嘉宾讲述自己的人生故事，也容易让受众进入情境之中。这就是音乐制造节目氛围的导向性。

（4）间隔性

在节目中，音乐的间隔作用既表现在节目与节目之间的区分上，也表现在节目内部不同栏目之间的区分上。如新华社网络节目《国际新闻》中所用的片头曲，就鲜明地显示了自己和其他节目的差异性，而节目内部又用间隔音乐来显示不同类别的内容。音乐的间隔功能有助于播音员主持人针对不同节目与内容，在出镜、出声表达时，表现出不同的神情和语气。

姚喜双曾对节目音乐结构的三个特征及融合方式进行了描述：首先是服从节目要求、体现节目意图的目的性；其次是通过不同音乐的交替、重叠或混合，让音乐与画面结合，产生音画同构、音画平行或音画反构等不同效果的融合性；最后是由节目主题决定、受内容和形式制约而发生的变化性。①

播音主持需要利用好音乐，协调好素材，使语言和音乐达到有机统一，以增强整体感染力为创作目的，才能发挥好音乐的烘托作用。而实践中出现问题最多的是有声语言和音乐不和谐，呈现"两张皮"现象：或有声语言喧宾夺主，或音乐音量过大盖过有声语言，这两种情况都会使受众无法听清节目内容。

6. 音响

音响是指除音乐和播音主持创作主体语言之外的其他人物语言、自然界和社会生活中的音响，包括现场实况音响、后期配合制作音响等。

掌握画面、音乐、音响等这些看来似乎跟有声语言表达关系不大的文本及其主体所起的真正作用，对开阔播音主持创作主体的视野，恰如其分地处理内容和语言表达技巧的关系是十分必要的。毕业于同济大学建筑系，后成了上海歌剧院演员的歌唱家朱逢博，善于广采博收，她不仅会唱中外歌剧，会唱京剧、沪剧选段，还注意学习研究舞美设计、灯光等相关技能。当在舞台上独唱《北风吹》时，她考虑到自己不是人们想象中芭蕾舞剧《白毛女》主角喜儿的形象，就要求在歌曲前奏开始时熄灭全部灯光，只给自己一个追光，而"北"字一出口，则将舞台上和观众席上的灯光全部打亮，给观众眼前一亮的感觉，获

---

① 姚喜双. 播音主持概论［M］. 北京：高等教育出版社，2012：36.

得了别样的美学效果。这对在现代传播技术突飞猛进环境下成长起来的广播电视网络播音员主持人来说，非常值得借鉴。有声语言和副语言的创作过程，除了围绕节目、稿件、话题主旨外，还有许多由画面、音乐、音响等文本元素共同构成的传播单元，它们需要相互补充才能达到最佳传播效果。

7. 直播现场语境

直播现场语境是指直播现场（包括与异地连线的直播现场）提供的景物、人物、周围环境气氛及其可能发生变化的情况。

播音主持创作主体在直播现场语境下可能接受的任务，有现场节目串联、现场环境描述、现场人物对话等。除了有稿播音外，还有大量需要脱稿乃至由播音主持创作主体即兴发挥的情况发生。

现场直播除了需要一定的技术支持和准备外，作为播音主持创作主体，在进入直播状态前还必须考虑以下因素：①有直播主题与环节构成预案的总框架；②有景物、人物背景介绍、细节和要点；③有现场突发（如天气、到场嘉宾和出席人数变化等）情况应变策略；④有一定的对话目的及应变设想。

对直播现场主持人来说，以上各点仅仅在概念上明确还远远不够。越早准备，越主动，这既是经验之谈，也是节目直播成功的保证。

（三）文本主体的特征

1. 可感性

播音主持创作主体调动自己的感觉器官，透过文本和文本主体，总能听到、看到、感觉到些什么，他必须设法让接受主体通过自己的表达，也能听到、看到、感觉到。

2. 可变性

播音主持创作主体对文本有了自己的理解感受，在尊重文本主体创作意图的基础上，在将文本主体介绍给接受主体时，他也就会有自己新的认识和新的角度。特别是在播出背景发生变化之后，播音主持创作主体在与文本主体的心灵碰撞中还可能擦出新的火花。

3. 可控性

既然文本主体的可控性已经成为播音主持创作主体的一个创作要素，我们不妨把可控性也看成文本主体自身的一个特征。文本主体的创作往往有一定的时代局限性。播音主持创作主体的创作则往往立足于当代，这种创作是面对当下的接受主体，播音主持创作主体对传播内容和形式做出的选择，因此，用好话语权，让文本主体有的放矢，是播音主持创作主体的责任和义务。

对播音主持创作主体而言，文本主体的特征既是约束，也为有声语言创作提供了极大的空间。

三、播音主持接受主体

在广播电视网络的传播系统中，有声语言和副语言的创作活动，是指播音主持创作主体、文本主体和接受主体三大主体之间的交流、碰撞。播音主持创作主体对创作活动起主导作用，如何将文本主体转化成有声语言和副语言是播音主持创作主体的创作活动的核心，而接受主体则是整个创作活动的目的与归宿。

（一）接受主体的含义和特征

接受主体又称受众（包括听众和观众），是指广播电视网络节目内容的传播对象和播音主持创作主体创作活动的服务对象。

说接受主体是传播对象，因为播音主持创作主体运用有声语言和副语言对节目内容即文本主体进行转化活动的创作目标就是针对接受主体而来的，若失去接受主体，或传播内容与传播过程得不到接受主体的响应，就说明传播效果未达到既定目标，播音主持创作主体的创作活动质量就打了折扣。说接受主体是服务对象，因为现代媒体形态、种类虽然丰富，但由于接受主体的个性需求也呈现多向、多元化，选择性强，因此，必须考虑如何适应和满足这些需求。播音主持创作主体要有真心诚意为接受主体服务的意识，对接受主体进行分析，了解他们，熟悉他们，才能进行有效传播。

一般来说，接受主体有以下几个特征。

1. 被动性

接受主体的被动性表现在其必须通过各类媒介及播音主持创作主体的创造性劳动，才能获得信息、服务和娱乐。

2. 非被动性

接受主体的非被动性主要表现为以下几个方面：

（1）有自己的需要、兴趣和价值观念。

（2）接受信息非来者不拒，而是有选择性地接触、理解和记忆。之所以说接受主体接受信息有选择性，是因为接受主体接受信息时有一定的选择标准。其中，社会因素有社会信息环境、文化规范、所处群体阶层等；个人因素有价值观、兴趣需求、接受信息时的个人情绪等。

（3）决定了播音主持创作主体的创作判断力。

正是接受主体的这些非被动性因素，使得播音主持创作主体在创意筹划和表达传播内容与形式时，必须考虑接受主体的不同社会层次、不同内在要求和不同接受能力。可以肯定地说，接受主体的非被动性，最终决定了播音主持创作主体的创作判断力。

（二）接受主体的一般分类

接受主体和播音主持创作主体一样，是传播活力的综合体现。我们可以从不同的角度对接受主体进行分类。

按接受方式：广播、电视、互联网受众。

按接受态度：积极、固定、随意的受众。

按受众结构：基本、参照、特约、潜在的受众。

按国别分：中国（包括港、澳、台）与外国受众。

还可从文化程度、政治态度、职业、性别、年龄等角度对受众做出区分。

从播音主持实践来看，除了以上基本分类方法外，还可从量和质两方面做出分析，加强传播的针对性。

所谓"量"：指的是数量、年龄、层次等。

所谓"质"：指的是本质，即接受主体的心理需求。

（三）接受主体的心理需求及接受规律

接受主体的心理需求有以下三点需要注意：

1. 有具体指向，是由某节目带来的心理需求满足。

2. 随节目传播方式、内容的变化而变化。

3. 有一个心理过程：认识—情感—意志，正所谓知、情、意。

接受主体的接受规律，一般可从宏观和微观两个方面进行分析。

宏观方面，如接受主体从过去时代所呈现的遵从性、保守性到当今时代所呈现的自主性、思辨性。

微观方面，如人们的普遍心理：喜新厌旧、喜真厌假、喜短厌长、喜奇厌平、喜实厌空、喜近厌远、喜正厌偏、喜导厌训、喜优厌劣，等等。

（四）接受主体的反馈规律

广播电视重视受众反馈，就是指播音主持创作主体要重视接受主体对节目内容播出的反应。反馈的前提是心理活动，包括心理反应和心理过程。比如表态性的反应，如"简单的应答，简短的应答"；评价性的反应，如能做出"深入的评价"和"深刻的分析"。① 这就说明接受主体必然有一个心理过程。因此，反馈也就呈现出多种形态，主要有：①浅层的、显性的；②深层的、隐性的。

浅层反馈往往只是表示好与不好，即使参与现场、介入节目，也缺少理性分析。能看到和听到的，如打电话、写信和面谈等，都属于显性反馈。

深层反馈则要探寻优劣原因，甚至参与到节目采编和制作中来。有看法、想法和评价，却不和播音主持创作主体联系，只在某种场合或私下议论的，都属于隐性反馈。

因此，分析受众反馈，要重视数量，更重视质量，透过显性的，看到隐性的。不要把反馈多、评价高或是反馈少、评价低与有声语言创造力的高低画等号。因为一个节目的成功与失败，是由多种因素促成的。宏观上，我们应当树立"一荣俱荣，一损俱损"的集体主义价值观；微观上，我们应当克服"贪天之功为己功""稍有差池与己无关"的错误思想，切实承担起传播创作的责任来，落实备稿与表达的每一个环节，以质取胜。

第二节　播音主持语体分类及创作特征

一、谈话语体的创作特征

日常谈话的主要特点是：①话题转化自由，有话则长，无话则短；②句式自由松散；③语义和语境相互依存。

（一）话题内容明确集中

这是由广播电视线性传播的特点所决定的。受众总是希望在有限的时间内尽可能多地获得有价值的信息，因而要求主持人对话题的组织策划相对严谨，话题的进入、展开和收束也相对有序，从而使话题的讨论更加深入。

中央电视台《实话实说》栏目曾播出一期节目《鸟与我们》②，现场嘉宾有养鸟专家、养鸟爱好者，有作家、演员，有男士、女士，有老人、青年、孩子。这期节目从养鸟的乐趣谈起，它天明则叫，催人早起；通过养鸟，还可致富。这期节目不但谈了养鸟的好处，

---

① 张颂. 播音语言通论 [M]. 北京：北京广播学院出版社，1994：167.
② 罗莉. 实用播音教程——电视播音与主持：第 4 册 [M]. 北京：中国传媒大学，2003：265-273.

也谈了反对养鸟的道理，养鸟不是爱鸟，它破坏了生态平衡，"鸟市"火爆的背后是自然界鸟类物种的生存危机。从养鸟、吃鸟到放鸟，看起来各执一词，但在节目主持人的调控下，话题始终是明确集中的，这就是：响应《世界保护益鸟公约》，文明从我做起：爱鸟、护鸟。

（二）选词用语得体规范

首先，谈话语体要注意语言的规范性和普及性。普通话是全国通用语言，不能滥用方言，不能盲目模仿港台腔等。同时，谈话语体要注意语言的生动性和通俗性。

《鸟与我们》这期节目的主持风格幽默风趣，而比喻、比拟等修辞格的运用，不仅活跃了现场气氛，也赋予了主持人与嘉宾之间的对话以许多情趣。主持人介绍完嘉宾，一开始就提出"朱鹮在世界上只剩60只，比地球上的总统还少"。话题进行中还提出"把朋友关在笼子里不算爱"，初听觉得很奇怪，怎么把鸟和人相提并论呢？但从世界只有一个地球、人类应平等对待其他动物的角度看，这种比较却是十分得体的。人类和鸟类同属动物，不仅比喻形象、恰当，而且为保护鸟类就是保护人类自己的主旨埋下了伏笔，也深化了节目的社会意义。

另外如嘉宾谈养鸟的乐趣，说驯化了的百灵鸟能学13种鸟叫，主持人说："您养了一只百灵鸟，鸡鸭猫狗兔全都不用养了"；又如嘉宾讲到鸟催人早起，天明则叫，主持人富于联想地回应："您说的情况，我听着像养鸡……"从现场观众的笑声，说明这些语言和节目内容、主持风格是相一致的。

（三）句式结构完整连贯

媒体谈话节目应注意收听、收视者的随进随出性，其句式应有完整性、连贯性，才能最大限度地减少有声语言传播过程中可能产生的歧义和误听、误解。

在《鸟与我们》这期节目中，主持人的语言很注意表达的连贯性、完整性，如："汪师傅，您是不是非常喜欢鸟，您从什么时候开始养鸟的？""您能不能给我们谈谈养鸟有什么乐趣？""把一只鸟捉到城市里来，就会有20只到30只它的同伴要死亡。您对这样的事怎么看呢？""你觉得笼养鸟是遵守自然规律还是不遵守自然规律？"等等，整组提问基本没有使用省略句和倒装句，不论是被采访者还是受众都能听懂。

二、报道语体的创作特征

报道语体是指播音员主持人向社会大众播报新闻等信息的言语体式。报道语体以追求信息的准确、真实、快速传播为原则。

（一）报道语体的播出形态与特点

1. 报道语体的播出形态

在目前广播电视网络中，报道语体多为"播音员播报""播音员播报+新闻画面""播音员播报+记者现场报道""播音员播报+记者现场报道+新闻画面"等几种形态。

2. 报道语体的特点

（1）真实准确，先声夺人

首先，新闻事件是社会生活中真实发生的事件，没有任何虚构。其次，语言表达要准确：一是对时间、地点、人物、事件等新闻要素，要有确切交代或说明，事实、数据来源要可靠；二是有声语言表达要到位。为了让受众听得清楚、听得明白，就要保证语言准确、规范，不能让人产生歧义。播音员必须去粉饰、少做作，要慎用形容词。

所谓先声夺人，就是要开门见山、一语破的，告知受众最重要的信息，以引起受众的关注，产生新鲜感。所谓新鲜感，一指内容新，二指形式新，三指表达新。内容新，如时间新、事实新、角度新、内涵新、理念新等；形式新，如结构新、词语新、句法新等；表达新，既有采编新闻的政策理论水平和文字功底为基础，也有将事实叙述转化为有声语言和副语言的播音创作能力为依托，是播音创作意图的实现。报道语体的表达，所谓"感而不入""停少连多"，都是为了让受众更迅速地了解事实真相。

（2）逻辑分明，主次得当

只有处理好报道言语结构的层次、段落、停连、重音，才能使受众的思维感受快而不乱、慢而不断，在传受双方之间产生共鸣。

（3）不拖不甩，分寸有度

"不拖不甩"，是指不过分拉长字调、拉开语调的升降幅度。业界历来对新闻播音有"干净利落脆"的要求，不拖腔、不甩调，将注意力集中于新闻事实的有效传递。

"分寸有度"，是指不过分流露个人的情感、宣泄个人的情绪。这是由新闻事实报道的客观性和大众媒体传播的广泛性决定的。坚持分寸有度，在传播具体新闻事实时，就必须联系时代背景，世界趋势、法律政策、国情民情，做到大局在握、轻重有别，有分析、不偏激，真正发挥大众媒体的舆论导向作用。

总而言之，真实准确、先声夺人，是从宏观战略上抓住报道语体的精神主旨，使新闻报道逻辑分明、主次得当；不拖不甩、分寸有度，是从微观战术上把握报道语体的言语技巧。

（二）报道语体的导语与表达

新闻报道的基本要求是：针对社会新近发生的事实，进行有选择、有重点、有层次、最快捷的传播。因此，报道语体的根本功能是：第一时间传递信息，其他功能如对信息的组织、沟通和导向功能等，都是在信息传递中实现的。基于这一根本功能，报道语体以倒金字塔结构为主。

所谓倒金字塔结构，就是前重后轻，先通过导语简明扼要地点明新闻事实，再根据事实的重要程度依次补充说明。

我们先来看看这种结构下导语是如何发挥它的"点睛"作用的。

新华社洛杉矶 7 月 29 日电：中国在奥运会历史上"零的纪录"的局面在今天 11 点 10 分（北京时间 30 日凌晨 2 时 20 分）被中国射击选手许海峰突破。许海峰以 566 环的成绩获得男子自选手枪冠军，夺得了奥运会的第一块金牌。

这是一条 1984 年 7 月 29 日在美国洛杉矶举行的第 23 届奥运会上中国射击选手许海峰夺冠的消息。报道开门见山，直接叙述最重要的事实信息：中国这个曾被称为"东亚病夫"的国家，在奥运会上突破了"零的纪录"，反映了中国政府重视全民健身、重视体育运动带来的成效。

据新华社海口 2 月 7 日电：一条巨鲸在海南省琼山市演海镇北港村海滩搁浅，生命处于危险之中。

消息的主体部分描述了鲸鱼搁浅和人们对鲸鱼的救助情况，使受众对后续报道产生了期待心理。导语中"搁浅""生命处于危险之中"的点睛之语，对激发人们保护野生动物、关心生态环境的责任意识很有警醒作用。

"'站住，不要跑！'随着一声急促喊声，另一名男子拨开人群夺路而逃，一名红衣男子则紧追不舍。穿过几条小巷，红衣男子果断出手，一个猛扑，将前面的男子摁倒在地，并立即报警。围观百名群众无不拍手叫好。

播报导语的第一句"站住，不要跑！"既体现语气的坚定、果敢、有力，又与后面的叙述语气相协调。

（三）报道语体的主体部分与表达

报道语体导语的作用在于简明扼要地点明新闻事实，主体的作用就在于阐释、说明、补充，展开导语。播报新闻时，主体部分的开头，在气息处理上一般有较明显的转换。导语的播报气息相对紧张些，主体部分往往就相对松弛些。关键在处理好主体内部的层次关系和主次对比，切忌处处着力。

本报讯 房山区中医医院即将赴俄罗斯开设传统中医医疗中心。

今年9月9日，房山区中医医院与俄罗斯联邦斯维尔德洛夫斯克州"新星"有限公司，签订了在扎列奇内镇第32医院开设传统中医医疗中心的意向书。11月，房山区中医医院院长韩臣子一行5人实地考察了对方的合作诚意、条件及医疗状态。俄方通过当场治病及医疗水平的探底，十分敬佩中医疗法，对合作表示了极大的兴趣和诚意。俄方医院距州府15公里，服务范围60万人，地区多发病为哮喘、气管炎、风湿、血栓、肛肠疾病，正是"中医对症"的长处。中医医疗中心将开设针灸、药浴、火罐、梅花针、正骨、新医疗法等医疗业务，同时进行咨询、教学等多项活动。①

这则消息导语为预告式。主体部分分三个层次，说明房山区中医医院赴俄开设医疗中心的背景和目的。第一、二句是承接递进关系，说明在俄开设医疗中心早有意向；第二、三句是转折对比关系，说明中俄双方都有合作诚意。以上为第一、二层次，是主体部分之因。第四、五句是条件因果关系，说明将要开设的中医业务内容及其缘由。播报时，应明确主体部分的层次和主次关系，从而做到张弛有序。第四、五句为第三层次，是主体部分之果，也是主体部分的重点。

（四）报道语体的背景部分与表达

联系背景，作为播音创作基础"备稿六步"的重要一步，要求播音主持创作主体在准备新闻报道时，注意联系党的路线方针政策，联系社会实际情况，以便明确针对性，落实好时效性和时机性。所谓报道语体的背景，指"完全理解一篇报道所需的事实信息。它从基本的信息，如新闻事件所涉及人物的姓名、年龄、职业和住址等，一直到与此前内容相关的各种信息"②。

根据这个定义，上面讲过的消息主体，有些内容也能归于背景的表述，如前述对房山区中医医院赴俄开设中医医疗中心的背景介绍。

（五）报道语体的结尾部分与表达

1. 引用式

报道语体结构中，结尾可以是一段话，也可以是一句话。有的短消息简明扼要，或无

---

① 陈雅丽. 实用播音教程——广播播音与主持：第3册 [M]. 北京：中国传媒大学出版社，2002：16.

② 沃尔特·福克斯. 新闻写作——报刊记者指南 [M]. 李彬，译. 北京：新华出版社，1999：151-152.

导语，或无结尾。尤其是倒金字塔结构，重要内容前置，越往后越不重要。

2. 总结式

籼稻原生质体的培育成功，不仅加快了利用生物工程改良籼稻的实用进程，而且对其他禾谷类植物原生质体的培育技术的建立也有指导意义。

用"不仅加快了……进程，而且对其他……也有指导意义"，肯定了这一技术发明的意义。这样的结尾，我们称之为总结式或小结式。

3. 呼吁式

请看下面两例：

谷贱伤农。一些农副产品价格的持续走低，势必会伤害农民的积极性，为此，制定一系列保护措施是十分必要的。

据悉，这种状况已经引起了有关部门的高度重视，解决问题的有关法律即将出台。

此外，还有点睛式、提示式、解悬念式、提问式、评论式等，这里不再一一赘述。

三、政论语体的创作特征

所谓政论是指针对党和国家的方针政策、国计民生、时事政治、社会热点等问题发表评论。政论语体是指以批评、议论为主的言语体式。传播真理、驳斥谬误成为政论语体的根本任务。就论述方法而言，可分为立论和驳论；就论述作用而言，又有提示性和阐述性等的区别。

政论语体依据提出问题、分析问题、解决问题"三步骤"，以引论、正论、结论为其言语结构特征。

政论语体的言语特点如下。

1. 政治经济术语的时代性，专门术语的政论性。政治是经济的集中体现，因此，政治经济术语具有一定的时代特征。此外，政论语体涉及社会各个领域，各个领域有着自己的专门术语，这些专门术语运用于政论语体，也就必然带上一定的政论色彩。

如党的十八大以后发表的一些政论语体，涉及的政治经济术语就有：客观理性、求真务实、依法治国、公平正义、改革攻坚、汇集众智、凝聚人心、增强合力、尽心履职、法治思维、法治方式、利益表达机制、治理体系、治理能力、"零容忍""严治标"、廉政风暴、打虎灭蝇、防治"裸官"、开门反腐、团结奋进、改善民生、科学发展、畅通民意、表达诉求、国际金融危机、经济发展方式等；行业专门术语有：炒房、买卖、合同、税收、信贷、捂盘惜售、公积金管理、保障性住房，等等。

2. 论证周密、多样，推理合理、有力。所谓论证周密、多样，是指围绕论题可以采用多种论证方式，例如归纳论证、演绎论证、正反对比论证、事例论证、引用论证、比喻论证等。而推理合理、有力，是指紧扣论题概念明确，推理具有逻辑性、层次性。

3. 态度坚定、明朗，重音坚实、肯定。政论语体的性质、任务、语境和表达方式，要求有声语言的表达一定要具有内在逻辑的支撑。首先要态度明朗。论点立得住的重要条件，就是有大量的、经典的事实论据和理论论据，因此，态度必须明朗。重音的坚实与肯定，表明态度的坚定、明朗，也说明评论思维的缜密性。

第三节　播音主持创作风格表现与形成

一、播音主持创作风格的表现

（一）感觉、感受与感性活动

所谓感性，与理性相对，感性活动在播音主持中，就是指播音主持创作主体通过感觉器官对文本主体中的主客观事物进行思想感情和声音形式的反映与表现。如过去、现在、将来的时间感，高低、上下、左右的方位感，抑扬、急缓、顿挫的节奏感，甜酸、苦辣、咸淡的滋味感，黑白、明暗、深浅的视觉感等，要将感觉器官由自然不自觉的状态转变为积极主动的状态。因为视若无睹、觉而不察、冷漠麻木、无动于衷……无法使创作主体进入良好的播音主持状态。所谓"感之于外、受之于心"，强调主客观世界通过词语符号给创作主体间接刺激，以引起他们的内心反应。播音主持创作主体对主客观世界的印象，包括各种外在形状、景象、面貌、特征等，通过想象和联想，触动并引发内心波澜。只有蕴含这种内心波澜，说出口的词语才有具体可感的艺术性。因此，在播音主持创作感性活动过程中，词语感受和形象感受成为两个重要支点。词语感受的特点在于透过词语序列这一心理学上所指的第二信号系统的符号，主动接受词语所代表的事物的刺激，体味其中的含义，产生具体的情绪，并将这种情绪通过一定的语气展现在有声语言和副语言里。而形象感受的特点在于透过词语序列感知主客观事物，通过视觉、听觉、味觉、嗅觉、触觉及空间、时间、运动知觉等产生内心活动。也就是要求创作主体通过想象和联想，主动接受词语的形象刺激。在边体味、边表达的过程中，感受既是具体的，又是综合的。说它具体，是因为播音主持创作主体透过词语序列，想象和联想词语表达的人、事、物、理的个别性、特殊性。这种个别性、特殊性引发并活跃着播音主持创作主体的形象感受。说它综合，是因为播音主持创作主体透过词语序列感知词语表达的整体性。这种整体性决定了播音主持创作主体以词语形态进行的各种人、事、物、理的形象感受都不是孤立存在的。也就是说，播音主持创作主体在话筒前、镜头前所说的每一个词语、每一段话，都是为推介一个人物，描述一个事件，说明一个事实，讲清一个道理，它们相互关联、相互支撑。只有做到形象感受的综合性、词语表达的连贯性，创作活动在感性方面的基础才是稳固的、具体生动的，而非笼统空泛的。

（二）知觉、知性与知性判断

知觉和感觉同是心理活动，但知觉比感觉更复杂、更完整、更注意整体形象和相互联系。因此，在创作的知性活动方面，在感觉基础上，更强调知性判断的必要性。"所谓知性，是指人们对人、事、物、理概念范畴的相关知识。"知性判断则是"对语言目标行为的主观确认"。[①]

比如，任何节目文稿或话题，对播音主持创作主体来说，在对词语感受的同时，必然伴随着对事实内容的确认、对事实意义的确认、对话语结构的确认、对情感调动的确认、对表达方式的确认等。所有这些确认的背后，都经历着创作主体对文本知识和社会实践知识的提取、鉴别、感受和判断，尽管这一过程因所反映内容、形式和创作主体的经验，反应有快慢精粗之差异，但播音主持创作主体始终努力将有声语言和副语言展示给接受主体。如果说事实内容、事实意义以及情感调动的内容主体的文化水平与社会实践密切相关，那么对话语结构、表达方式的确认，则与语言逻辑学习和表达实践感受不可分离。

具体来说，任何文本结构或话题，都有思路、文路的起承转合，也都存在各种关系组合、聚合的言语逻辑链条。从有声语言和副语言表达角度来看，作为播音主持创作主体，对这些思路、文路的言语链条的掌控，只有最终落实于语句的具体处理，才能真正被接受主体认可。正是在这个意义上，播音主持的内外部技巧，如并列对比、递进、转折等逻辑关系及其表达技巧，就有了存在的永恒价值。

来看马致远的散曲小令《天净沙·秋思》："枯藤老树昏鸦，小桥流水人家，古道西风瘦马。"九个词语分开看，一个词语一个意象。"枯藤老树昏鸦"组合在一起，笼罩着一种衰败、凄凉的景象，在这种氛围下出现的"小桥流水人家"不免孤寂、清冷。"古道西风瘦马"似乎在预示：尽管这里人烟稀少，却还是有生命存在。而就在这样的客观景象描写中，作者巧妙地衬托出漂泊天涯、和马同行的主人公形象。一般诗词总是先写景后写情。这位主人公情在何处？"夕阳西下，断肠人在天涯。""断肠"两个字将主人公内心的

---

① 曾舰. 如何让播音主持更具个性化、人格化与亲和力［J］. 新媒体研究, 2016, 2 (20): 108-109.

伤感通过客观、外在的描述表达到极致。这首小令题目中抽象的"秋思",全被内容的具象所化开,从词语感受、形象感受到逻辑感受,从具体感受到整体感受,都不是互相割裂的,而是被秋思的情感所统率、所蕴含的。

综上所述,在有声语言创作过程中,无论感性还是知性,对播音主持创作主体来说,都不应停留于思维认识阶段,而必须转化为内心感受,并通过有声语言和副语言表达出来。感性可以偏重于词语组合的形象感受,知性可以偏重于词语结构的逻辑感受。就分析而言,它们是具体的,都在寻求可感性;但就创作而言,它们同属内心感受和内心反应,是综合中的具体。在形象感受、逻辑感受这些具体感受基础上,要将其综合为整体感受。张颂指出:"逻辑感受使我们把握住整体序列的不可移易,形象感受使我们把握住分段扩展的心驰神往。"他还指出:"形象感受与逻辑感受互相结合,把文本的序列、扩展、全貌、细节尽收眼底。在这个时候,创作主体便可以极尽纵横捭阖之能事。"这里的"形象感受与逻辑感受互相结合",既是具体感受的融合,又是整体感受的开始。只有具备了整体感受,才能深化感受,让各种具体感受有所归依。

(三) 理智、理性与理性思辨

在日常生活和工作中,我们称那种容易冲动、仅凭感情用事的现象为缺乏理智。而理智则表现为主体能辨别是非、利害关系,进而能控制自己的言语和行为的能力。这种能力从认知角度而言,就是与感性相对的理性。理性是指人们对人、事、物、理做出判断的思维运动。播音主持的创作过程,感性伴随知性,同时伴随理性。知性判断侧重于人、事、物、理的真实、可信、具体、细致;理性思辨则侧重于人、事、物、理的对立统一和内在联系。因此,理性思辨成为具体感受走向整体感受这一思维表达过程的重要一环和必经之路。

就播音主持创作主体而言,理性思辨在把握传播内容与时代、社会的关系和定位,把握传播内容与内容之间、形式与形式之间的关系和定位,把握有声语言内部结构的关系和定位,整合有声语言逻辑感受和形象感受的关系和定位等方面尤为突出。相对于有声语言感性、知性的具体化、定向化,理性更显示出综合化特征。

王元化在谈到知性与理性的关系时指出:"知性不能认识到世界的总体,不懂得一切事物都在流动,都在不断地变化,不断地产生和消亡。"而辩证法却能够"克服知性分析方法所形成的片面性和抽象性,而使一些被知性拆散开来的简单规定经过综合,恢复其丰富性和具体性,从而达到多样性的统一。"王先生所说的辩证法优点,也就是理性思辨的力量所在。

媒体每天的传播内容和形式,有预设,也有变化,无论是预设还是变化,都在于社会的发展运动和受众的需求。然而，同是主体间的交流，传者和受者毕竟责任不同，媒体具有社会引领责任，这就促使任何媒体的播音主持创作主体必须树立政治意识、大局意识、责任意识。就具体节目来说，只要主题、结构框架和词语组织基本定位，有声语言表达的自足性也就有了保证。但是，这并不意味着传者可以不假思索地完成任务。理性思辨的意义在于让播音主持创作主体针对具体节目，联系与它相关的社会文化背景和历史现实状况，权衡利弊，结合传播语境以及受者文化层次与接受水平，给出相应的言语格调和语气分寸，并贯穿于节目的各个环节。如果把感性活动、知性判断定位在有声语言表达的微观层面，那么理性思辨就相对处于有声语言表达的宏观层面。就像戏剧表演理论中的"第三只眼"，理性思辨对播音主持同样起着观察分析和调检回馈的指导作用。

（四）觉悟、自觉与悟性生发

一般意义上的觉悟，指的是人们由迷惑、糊涂到明白、理解的思想认识过程。播音主持创作主体能够实践感性、知性、理性这一播音主持创作水平的提升路径，也是对播音主持创作理论与实践的一种觉悟。但是，睁眼看稿不动脑、张嘴念稿不动心、节目主持无主见、话题组织无头绪等背离播音主持创作道路的现象也偶尔会在节目中出现。播音主持创作主体应学习播音主持创作理论，坚持正确的艺术创作道路，做到创作自觉。

自觉是一种自我意识。播音主持创作自觉是创作主体在政治意识、大局意识、受众意识及社会责任意识指导下，遵循创作规律、实践创作理念、坚持正确创作道路的一种觉悟，也是形成播音主持创作艺术魅力的主观条件。哪怕是一场球赛转播，播音主持创作主体的立场倾向和语言表达的分寸把握，都能将其创作自觉意识的强弱呈现得淋漓尽致。

悟性一般指人们对事物的分析理解能力。播音主持的创作悟性，是指创作主体驾驭播音主持作品时所具备的，在感性、知性、理性基础上形成的理解与表达能力。有声语言和副语言表达形态的构成，有内容因素，也有形式因素和技巧因素。播音主持的创作悟性要求创作主体既不脱离有声语言和副语言的表达形态进行构思创作，又能透过表达形态抓住表达的精神实质。这就不是语言本身所能解决的问题，它关系到和语言表达有关联的其他方面的取舍，是创作主体经验知识和表达语境直接碰撞后的语言呈现。通过语言呈现反映语言背后的社会文化，包括创作主体个人的文化积累。

生发有滋生发展之意。所谓悟性生发，强调的是创作主体悟性的开发拓展。悟性能力有天生的影响，又非天生决定一切，后天的学习能够培养促进悟性生发的环境。佛学中对"觉悟"有"渐悟""顿悟"的说法。播音主持中的创作觉悟过程也有高低快慢之分，它不是单靠表达实践就能获得的。必须由创作主体在表达实践中有意识地学习、体会和积累。它是创作主体长期实践的灵感呈现。这里的实践包括文化学习实践、社会生活实践、节目采编制作实践、有声语言和副语言表达实践。有声语言和副语言创作悟性最终正是通过有声语言和副语言表达实践得以展现的。因此，对表达实践这一环节来说，可以将有声语言和副语言的悟性开发作为基础与核心。但这绝不等于可以忽略其他环节的努力，因为它们是相辅相成、同生共荣的关系。

二、播音主持创作风格的形成

（一）反映新的世界

"艺术家对现实的反映一方面具有不可重复的独创性；另一方面这种独创性又正是客观真实的深刻揭示。"① 所谓"反映新的世界"，指的是创作主体敢于并善于从新的理念、新的角度、新的思路出发，揭示主客观世界真实状况的活动。

揭示自然界和人类社会一刻不停地处于动态变化中的主客观世界真实状况并非易事。以广播电视新闻为例，从后台的采编摄录人员到前台的播音员主持人，他们的观察、辨析、判断能力如何，直接关系到所报道事实选择是否得当，表达是否深刻。

（二）构建新的语汇

播音主持创作主体反映新的世界、联系接受主体的主要媒介是有声语言和副语言。有声语言和副语言离不开文本语言和内部语言。因此，任何一个以有声语言和副语言为主要手段对世界进行反映的播音主持创作主体，构思的轮廓再鲜明，表达环节的设计再清晰，也不能忽视在正确选择词语、准确运用辞格、确定恰当句式等方面的基本功。

所谓构建新的语汇，指的就是创作主体运用恰切的词语、辞格、句式以达到揭示世界真实状况之目的的活动。

由于播音主持创作主体所掌握的词汇量和所运用的辞格、句式不同，新的语汇构建所形成的不同语言结构，会直接影响播音主持创作主体的表达模式和风格。

对播音主持创作主体来说，以文字呈现的语汇构建结构和以内部语言外显的语汇构建结构，由于都未脱离语言基本结构体系，也就都可纳入文本整体看待，区别只在一个有形（有文本依据）、一个无形（仅有内心依据）而已。通过播音主持创作主体对现实世界的观察、辨析、判断，形成内部语言，再外化为有声语言和副语言，播音主持创作主体通过对文字语言的观察、辨析、判断，再将其转化为有声语言和副语言，创作路径及传播目的可谓殊途同归。对用"新的语汇"构建来反映"新的世界"的理解，不必以前无古人、

---

① 王朝闻. 美学概论［M］. 北京：人民出版社，2011：67.

开天辟地为标准，而宜从观察世界的新思维、新角度，表达词语的新意图、新境界出发。停连、重音、语气的不同处理，语节的疏密、声音的起伏、低头的时机、眼神的流转，这些看来仅仅属于有声语言和副语言表达技巧的东西，却无不连接着内容主题、词语结构，直接影响播音主持创作风格。

（三）创造新的语境

一定的语汇形成一定的语体，一定的语体既依赖于一定的语汇，又规范、统率着一定的语汇。语体是创造语境的基础，语境通过一定的语体得以实现。比如，"我抬起头看见月亮，低下头思念起故乡"，作为日常谈话语体，便于人与人之间的直接交流，可以形成亲切的谈话语境；而"举头望明月，低头思故乡"，则诗中有画，画中有人，加上诗具有的平仄格式和押韵规则，吟诵起来就极易产生丰富的联想与美感，形成诗的意境。其他如新闻报道、观点评论、配音解说、节目主持等都会受相应的节目形式和语言表达规范的制约。

所谓"创造新的语境"，指的是创作主体为反映新的世界，通过构建新的语汇而在语言环境的谋划设计上有所作为。

受创作主体所处环境、受教育水平、社会经历与身份、表达功力的影响，加上各国、各地区、各传播媒体的不同要求，不同创作主体用以反映新的世界的新的语汇可谓色彩纷呈、各有特色。当创作主体对语体有一定的认识，注意到各类语体间的不同特点，懂得新的语汇对形成一定语体乃至构成一定语境有重要影响时，他将更好地用有声语言和副语言创造新的语境。

以上谈到的语境，主要是由文本形式构成的语体作为它们的基础。而实践中，语境形成的基础也存在无文本形式的语体，这种情况又该怎么看待呢？无文本形式的语体，看上去创作主体手头空空如也，但不可否认的是，只要创作主体张口说话，他说话的思路还是脱离不了所使用的语言基本组织结构。这以广播电视直播节目中出现的即兴评述最为典型。即兴评述创造的语境，往往和评论类政论语体的表达特点紧密联系在一起。在评述内容确定主题、论点之后，论据是否真实可靠、论证方法是否恰当有力等，就成了创作主体在这种语境中必须关注的要点。看似无文本形式的背后，仍然被文本的内在结构支配着。正如张颂曾要求的"有稿播音锦上添花，无稿播音出口成章"。

（四）寻求新的表达

张颂曾经说过，播音主持"风格的占有者，必须是独创者，不接受现成公式，不追赶时髦，却钟爱独特体验、独特感受、独特表达样态"。梅益也曾要求，"播音员不能老是一种腔调，必须根据不同的题材采取不同的播法"。

强调"独特体验，独特感受、独特表达样态"和要求"不能老是一种腔调，必须根据不同的题材采取不同的播法"，都意在寻求表达风格的创新和独有。

以有声语言和副语言作为表现手段的播音主持，它的创作风格当然也要以受众愿意接受和认可为原则。实际上，在考量节目成功与否、播音主持创作主体的有声语言和副语言的表达有效与否的时候，受众的接受和认可程度也是一个重要指标。

纵观中国共产党领导下的广播电视发展史，特别是自改革开放以来，广播电视迅速发展，出现了大量广播电视主持人节目和节目主持人，为有声语言和副语言的传播开辟了新的研究园地。但就表达风格研究而言，目前，对于有稿播音的评论，大多从内部技巧如情景再现、内在语、对象感的把握和外部技巧如停连、重音、语气、节奏等方面分析；而评论节目主持，更多是从策划创意，运用不同词语、辞格来叙事、讲解、提问、评论等方面分析。但无论是有稿播音还是无稿播音，从有声语言和副语言表达这一研究角度看，一个不容忽视的问题是，都存在"你中有我，我中有你"的交融特性。比如，有稿播音同样得关注不同的策划创意，不同的词语、辞格，关注叙事、讲解、提问、评论的不同样式、体式及表达手法，而无稿播音若不注意内外部技巧的综合运用，有声语言和副语言的感染力就会削弱。换句话说，反映新的世界、构建新的语汇、创造新的语境，都必须落实于寻求新的表达上来，须重视播音主持内外部技巧的综合运用，才有可能展示出有声语言和副语言传播艺术的风格特征，成就张颂一再呼吁的培养、催生当代中华民族有声语言传播的典范。

毛泽东写的《七律·长征》，多少艺术家朗诵过它，而齐越、夏青的朗诵尤为独特。那抑扬顿挫的语势变化中，既饱含个人文化知识、社会经验的积淀，也饱含创作方法、表达手段，包括对诗词韵律知识的掌握。齐越用在战争年代的亲身经历作为联想对象，通过朗诵式表达，让人情不自禁地被红军的革命乐观主义精神所感染；夏青深厚的古文功底，通过宣读式表达，历史的厚重感油然而生。如此具有创作主体独特体验、独特感受，尤其是独特表达样态的有声语言典范之作，不仅在它们播出的时代受到大众的欢迎，至今听来也令人敬佩和感动，这样的有声语言表达创作值得每一位从业人员学习继承和发扬光大。

有声语言呈现的境界是否高雅、是否通俗，与播音主持表达是否得体、是否准确息息相关。这里的高雅、通俗、得体、准确，不只是在形式上正确运用节目语体、追求遣词造句的到位，更要求创作主体根据不同时期、不同媒体和不同受众的需求，正确运用内外部技巧，将新理念、新情感通过一定的语气、节奏、眼神和表情变化，注入有声语言创作之中。只有如此，才不至于说起自己的事情、用自己的语言时活灵活现、头头是道，讲述别人的事情、转述别人的语言时便无动于衷、平淡苍白；只有如此，创作主体的个人性格特征和节目语体特征才可能有机结合，有声语言才不至于出现"千人一面、万人一体"的"播音腔""主持调"等同质化现象；也只有如此，随着播音主持语体样式的不断丰富，才可能产生紧跟时代发展的语体兼容现象，"寻求新的表达"才有可能真正实现"创造新的语境"。

以上从创作实践和风格形成的角度出发，说明反映新的世界是所有传媒人，尤其是播音主持创作主体的责任所在，构建新的语汇是播音主持创作主体孜孜以求、苦心经营的重点，创造新的语境是播音主持创作主体努力追求的目标，寻求新的表达则是播音主持创作主体每一次在镜头前、话筒前付诸实施的艺术特色之所在。

第四节　播音主持创作水平的提升路径

一、提升播音主持的感染力和艺术个性

（一）提升播音主持的感染力

感染力是表现力综合作用于人的视听器官后所产生的认知、理解、欣赏、愉悦、感奋、震撼等主观情绪的反应。作为广播电视节目的播音员主持人，怎样才能表现出感染力呢？深入实际生活是增加感染力、把握好播音主持基调的关键；不断加强自身素质是提高播音主持感染力的内在动因；用真情实感打动受众是提高播音主持感染力的前提条件；强化有声语言的功力是提高播音主持感染力的主要因素。

广播电视作为人类社会传播最为广泛的大众传播手段之一，使得播音主持人员成为广播电视传媒与受众之间的中介和桥梁，并且具有重要的地位和作用。这就要求电视播音员主持人要紧跟时代的要求形成准确优美的播音艺术语言，使其富于表现力和感染力。

1. 深入实际生活是增加感染力、把握好播音主持基调的关键。社会生活丰富多彩，电视媒体技术日趋先进。那么，如何更好地发挥自身的优势，在播音方面把握基调、突出主旋律的前提下完成多种风格的电视播音，已成为摆在电视播音员主持人面前的重要课题。

通过深入现实生活中观察、体验，不仅是记者的事，对播音员来说也同样重要，只有深入火热的现场，播音时才能更准确地找到稿件所提供的那种基调和感情，才能鲜明、生动地通过声音再现场面和人物，播音主持的技巧才能有所依附。当然，这里并不是说每篇稿件都要深入现场，否则就播不好音。客观地说，没有这个可能和必要。但有一点是肯

定的，深入地观察和体验生活，对于电视播音员塑造贴近生活的播音形象是大有益处的。

2. 不断加强自身素质是提高播音主持感染力的内在动因。播音的过程是个再创造的过程，这个再创造主要是指播音员主持人对稿件内容透彻理解之后，在头脑中展开丰富的想象，然后通过有声语言，把稿件内容准确、鲜明、生动地表达出来。而要做到这点，就必须下苦功学文化，钻研业务，使自己具有广博的科学文化知识和熟练的业务技巧。

作为播音员主持人要想使自己具有感染力被受众喜爱，就必须努力加强自身的修养，不断培养和提高自己的综合素质。因为理论修养关系到播音员对稿件内容理解的深或浅。艺术欣赏能力则可以从播音员的语言表现力中体现出来，心理修养则与播音员在话筒前或镜头前的状态、情绪把握密切相关。然而，这些都不是孤立存在的，需要播音员主持人将其综合起来，然后融汇到播音中去。这就要求播音员主持人必须具有广博的知识和良好的综合素质。能够迅速、敏捷地抓住稿件的主题思想，并准确鲜明地将其表达出来，在语言处理上，能做到浓淡相宜，甚至一点儿微小的细节和变化，也能让观众感受到。这样才能使播音员表现出既有生活的真实感，又有艺术的感染力，从而真正塑造出群众喜爱的播音形象来。

3. 用真情实感打动受众是提高播音主持感染力的前提条件。演说家李燕杰说："在演说和一切艺术活动中，唯有真情，才能使人怒；唯有真情，才能使人怜；唯有真情，才能使人信服。"作为一名播音主持获得感染力的前提条件是必须有真情实感。只有用真挚的情感，竭诚的态度才能击响人们的"心铃"，刺激之，振奋之，感化之，慰藉之，激励之。

从广播电视节目主持人出现后，广播电视播音的内涵也随之增多，同时也赋予了广播电视人格化鲜活的生命力，改变了广播电视与受众之间的关系。也为广播电视面向生活、贴近受众提供了有利的契机。那么面对众多受众的需求，广播电视播音员该如何正确把握"情感投入"使之播音（主持）的节目更深入人心，并塑造出独具特色的播音形象呢？心理学指出："情感是同人的高级的社会性需要相联系的。……高级情感具有鲜明的社会性，并表明作为社会实体的人对生活各方面的各种现象的态度。"① 作为一个播音员或节目主持人，在他感知周围世界的对象和现象的时候，在他主持节目的全过程中，始终都是由高级感情的内容指向性，即世界观、道德行为的准则和科学评价决定的，始终都是以某种态度来对待的。这就说明主持人要想赢得观众的心，必须善于向观众敞开自己的胸怀，付之以真情实感。广播和电视播音员主持人所投入的感情色彩，就是道德感、美感、理智感的完美统一。

---

① 曾舰. 如何让播音主持更具个性化、人格化与亲和力 [J]. 新媒体研究, 2016, 2 (20)：108-109.

4. 增强有声语言的功力是提高播音主持感染力的重点所在。为什么一些播音员主持人不仅脸蛋漂亮,而且经纶满腹,却依然不能吸引受众?这主要是播音员主持人有声语言的功力不够,展示不出应有的独特的气质和个性,没有给受众耳目一新之感,更谈不到吸引受众的魅力了。

众所周知,广播节目和电视节目的播音员主持人进行的信息传播是离不开有声语言的运用。这里说的语言不是日常中的生活语言,而是工作语言。它有规范性、庄重性、鼓动性、时代感、分寸感、亲切感的特点。作为播音员主持人首先要普通话标准,发音吐字正确流畅,避免工作中出现方言土语。播音员、主持人,尤其要重视语言的"规范性"。我国的汉语言博大精深,可以说不同的不同的字词搭配会有不同的音域及调值,反映出的意义也就大不相同。再有,播音又是推广普通话的重要阵地,播音员、主持人肩负着推广普通话的重要责任。语言的统一和规范,对于国家的稳定和发展极为重要。

当然,强调规范性并不否定个性存在。由于发声条件不同,每个人的声音都有自己的特色与个性。播音员、主持人只能在正确发声条件的基础上发挥所长,体现自己的精神风貌和与众不同的艺术素养,充分显示出播音员自己的个性。同时要克服追求某种自以为美的声音,特别不能模仿广播电视中某个自己崇拜的播音员的声音。刻意模仿某个人的声音,常常是发声方法不良的根源,它不仅束缚了播音创造力的发挥,严重的甚至能导致发声障碍或喉部病变。

总之,播音员、主持人要想满足听众的需求,不露痕迹和潜移默化地吸引听众,让听众在不知不觉中敞开心扉,兴趣盎然、如痴如醉地沉入其中,享受广播电视节目所带来的快感,就必须不断地加强学习,刻苦钻研,深入实际,增加阅历,厚积薄发,提高文化素质及修养。只有如此才能运用自如地表现出或明朗、或含蓄、或严肃、或活泼、或豪放、或柔婉的功力,进而真正做到把思想和感情巧妙地融入其中,让审美情趣负载着艺术之美,让语气负载着思想之魂。最终使广播电视节目深入每个受众的心田,具有感染力、渗透力、影响力。

(二)提升播音主持的艺术个性

个性,标志着艺术境界里一种特有的风格、独具的魅力,是一位播音主持与他人的不同之处。一位个性鲜明的主持人更能赢得听众。因此,形成广大听众喜爱的鲜明个性,应该成为每个广播播音主持人追求的目标。

对广播播音主持个性的追求不应背离广播播音主持的共性,个性与共性是共存的、互补的,对个性的追求应建立在对共性的把握之上,广播播音主持应把个性与共性处理得和谐统一。那么,广播播音主持有哪些需要把握的共性呢?主要有以下几个方面。

1. 总的基调要积极向上。广播是一种大众传媒，它在丰富人民群众文化生活的同时，也起着重要的舆论导向作用，所有广播人的共同成果最终要靠播音主持说给受众，播音主持是广播节目的"终审者""把关人"，所以，播音主持的态度、语气从某种意义上决定了节目的价值取向。

稿件的总基调不外乎有正面的、侧面的、反面的几种，然而，不论是正面讴歌还是侧面引导与反面鞭挞，其最终要达到的目的只能是积极向上的，这本身也符合事物发展的普遍规律。所以，在表达作品时，心态首先应该是积极的、向上的。播音主持在运用语言时必须规范、生动、朴实。既不要追逐时髦词语，又不可咬文嚼字，堆砌辞藻。语调应亲切、自然、流畅。既要尊重听众，虔诚有礼，又不能逢迎媚俗，刻意取悦听众。

播音主持在实际工作中往往在播音发声、表达技巧上下的功夫多一些，但外在的表现体现的是内在的美。要想创作出优秀的作品，思想和行动应该是完全统一的，只有首先是一个高尚的人，才能有高尚的作品。所以，要想成为有个性的播音主持，应在加强业务能力的同时，加强自身修养，提高个人的内在素质。

2. 充分调动听众的想象力。广播艺术是听觉艺术和想象艺术的统一。只有充分调动听众的想象力，把听众引领进想象的空间，才能使听众的思绪融入节目。

视觉形象最终都停留在画面实物之上，有一个准确的直观性，观众可以一览无余，这时艺术形象的清晰度和准确性已经十分明了，形象已不靠想象去塑造了。而听觉则不然，正因为没有客观的再现，所以，形象在人们脑海中留下可以自由描绘的空间，而广播的特性也决定了广播的形象必须是虚拟的。因此，广播的形象更多的是以虚代实或实虚相交，当审美主体在感知这些形象时，不是见物认物，而是按照自身的情感、愿望、理想通过想象集中到一个焦点上，从而塑造出内心的典型形象。可以说，正是想象的虚拟性，才使得审美主体踏进一个崭新的艺术幻境，为万物写照，替人物传神。这种调动和引领听众想象力的功力是需要长期磨炼的。

3. 对不同文体做不同处理。不同的播音主持作品对于有声语言的声音色彩有不同的要求。要表现好不同的文体，就必须依赖多样的语音表现来展现其形象性。

播音主持作品的文体类型大致可分为叙述型、议论型、抒情型三种。

叙述型的作品内容主要是对具体事例的描述，要求播音主持能做到绘声绘色，讲得逼真传神，因此，要求语言自然、节奏平实，语音的情感造型与叙述内容的情感基调保持一致。在处理作品时应尽量模仿人物声音去表现。不同年龄人物的语音表现特征是不同的，不同性格的或不同心情的人物的语音表现特征也是不同的。这些都应用不同的声音来表现。叙述文体中的情景表现有多种色调，如温馨型、喧闹型、冷清型等。播音主持需要将声音的情感造型塑造得与情景的色调相一致。作品中的许多成分往往是表现人物的连贯动作过程，有很多具体而形象的描写。表现动作过程需要注意音色的张弛与动作的张弛相一致，吐字发音的弹性带有动作过程中力量的变化。声音的绘声绘色是通过对具体词的细微把握展现出来的。做到这一点，场景的动作感就强了，给听众带来的听觉感受就强了，听觉形象感就在听众的脑海中建立起来了，这也就达到了创作的效果。

议论型的作品内容主要是说明和论证某个问题、观点，要求播音主持必须有明确的态度，论说的是非曲直表露明显，论说的情绪饱满有力，但也要把握好分寸，既要切忌情绪的抒发太直太露、缺乏理性成了叫嚣；又要避免论说过于严肃、缺乏真情成了说教。议论分析态度多为庄重，语气多为坚定，表现为句首起势较高，逐渐下行，收尾沉稳、干净利索。另外，一个论述型的语句表达一种论证态度，因此，语义是唯一的，重音也就只有一个，必须准确判断该句的重音所在；议论型的语句所表现的态度或肯定，或否定，或称赞，或贬斥，这些态度的传达主要靠该句的重音来表现，所以，重音所表现的情感态度，播音主持必须明确，方能准确地表现出来。另外，在渗透语气色彩的同时还要加重该词的分量，即加重音长并延长音程，方能体现"重"。在作品中的论说型语言很多都是哲理性的话语，这些话语在作品中起着画龙点睛的作用，它的耐人寻味可以极大地调动听众的情绪。表现这类话语应该用朗诵诗歌时的情感状态来表现，要放开情绪来展现它，只有诗化的表现方式才可以使其感染人。论说性的语言有着极为严谨的逻辑关系，播音主持要十分清楚作品语言内在的逻辑感受。加强逻辑感受的提取和表现，能够使语言形成极强的逻辑冲击力，使听众信服。

抒情型的文体则要求语言紧随文章情感，充分展示情感变化，句句情感充沛，字字融情含意，节奏变化多样。播音主持作品要感染人，必须有效地营造抒情的意境氛围。播讲过程中的意境情感基调所处的整体场景由单个物象词语即意象组合构成。因此，营造意境，就必须着力表现意象，由多个意象组合构成的意象群来整体表现意境，这就需要注意意境整体与意象局部的和谐统一。处理作品前要完全熟悉作品内容，创作时才能够迅速进入状态，并可以时时调控自己的情绪，与内容同步前行。高兴也好，悲伤也好，都能迅速调整到位，自然、本真地传达情绪，让自己的情绪去感染听众。不管什么文体的作品，要想充分表现作品有声语言的形象感，就一定要充分感受作品中的语言要素所蕴含的形象感，比如，词语的形象感、逻辑层次的形象感等，抓住了这些，多加练习，就可以很好地创播出作品中的音声形象，从而调动听众的心理功能，达到作品的完美展现。很多情况下，在同一篇作品里融汇了上述多种文体语言，这就要求播音主持对其作认真分析，对应运用恰当的语言风格，这样才能够充分表现作品语言的形象美。

二、提升播音主持的即兴话语质量

播音主持的话语表达分为有稿和无稿两大类型。

有稿，就是已经完成语言的编码，有了写好的文稿，依照稿件播音或者说话。不论是低头看手中的稿件，抬头看提词器，或者是背诵下来，都大大省略了大脑编码过程，减轻了头脑中组织语句的劳动。这样的话语有的虽然语言句式复杂，论说的逻辑关系多变，表达的内容层次丰富，却也往往能够表达得严谨、流畅、周到、连贯。即使播音员偶然发生个别的结巴，也不影响整体内容规范的格局。当然，优秀的播音和背诵表达，也还要在头脑中还原"组织"语句的过程，使话语显得生动，但这一过程依附于已经完成的文稿，编码的劳动强度显然不大。

无稿，就是在说话的时候即兴编码，边想边说。播音主持的即兴话语有即兴的现场描述，有即兴的意见态度，有即兴的评说感言。无稿的即兴话语有两种：一种是已经有了话语的框架大纲，大体结构已经既定，到需要的时候即兴表达语句；另一种是眼前刚刚看到，脑子里刚刚想到，稍加思索就开口说，甚至是边说边想，想着的同时就在说着，并且造句的同时还要兼顾段落的结构。这两种无稿的情况虽然有所区别，但大同小异，都是头脑中进行着编码思维过程，基本动作是即兴进行口头造句。

即兴口头造句是一名优秀主持人的基本功，在记者型主持人的现场报道中，在谈话节目主持人的对话中，在晚会节目主持人的叙述中，在各种栏目的采访中，都有大量的即兴话语要说。有时演播室的新闻主播在播讲新闻稿的过程中可能与现场的记者或者领导干部、当事人直接对话，也需要有少量的即兴话语。

（一）即兴话语要抑扬顿挫，也要流畅连贯

即兴话语要在有抑扬顿挫的总体上流畅连贯，少发生结巴，不发生病句。不过，这与有稿播讲相比，还真不是那么容易的事情。

即兴话语表达能否成功，在于说话人自己是不是有熟练的造句能力。一般来说，熟悉的事物，也就是常想常说的事物，那些相关的词汇和句式都不陌生，造句就容易，话就能够说好。再次说起曾经想过说过多次的话，即使是重新整合词语片段，也不是件困难的事情。相反，如果说的是生疏的事物和与之相关的词汇句式以及不甚了解的事物规律和临时要表述的长句，那就有可能说得磕磕绊绊不成句，甚至是病句、错句。

提升播音员、主持人即兴话语的水平，从根本上来说，就是要熟悉方方面面的社会生活，做个社会知识广博的"杂家"，不但知晓那些事，还须知晓那些名词动词、那些常说到的句式。平时观察阅读的视野要宽阔，头脑积累各方面的常识，特别是要有意留心自己话筒前镜头前常常要讲到的那些领域的事物以及关于那些事物常常说的话语。要争取话说到哪里，都有相应的知晓，报道涉及哪里，都有相应的话语储备。不熟悉的事物，无论如何是讲不好的，更不用说是即兴表达了。

在很多台里，新闻主播也是多面手，也常常出现在报道现场和晚会主持台上。他们长期播讲大量的新闻稿，也许能够知晓天南地北社会多层面的多种多样事物。但是，在某些时候，新闻的语速太快，所播报的事物没有在头脑中留下太深的痕迹就过去了，其实，他们还是不太熟悉那些事物和相关词语。此外，由于新闻播音使用的语言有太强的书面用语特点，有时还是不能较好地移植到即兴口头话语中。因此，他们还面临着即兴话语造句再学习的任务。

（二）即兴话语要使受众易懂

即兴话语要让人们容易当面听懂，是播音主持获得成功的另一方面。

即兴话语用词要考虑与听众观众的共同语境，使用人们熟悉、很少产生歧义的语汇。如果报道说某国总统"易人"就会令人费解，在口语中这个动词改成"换人"就自然多了。这和一般广播电视语言的要求一致，但在即兴话语中应该更为注意。

在说明一个事物的时候，常常使用的一个手法就是比喻。比喻，就是用熟悉的比不熟悉的，用容易理解的比费解的，用简单的比复杂的。比喻得恰当，让人有强烈的形象感，有一种顿悟式的理解。曾经的"早晨八九点钟的太阳"那样形象的比喻鼓舞了一代又一代的年轻人，"远远看上去，山梁像一个巨人躺在那里"立刻使人随着听觉的呼唤产生联想或者新的视觉领悟。

即兴话语要求讲话人对于看到的情况有数量的介绍，当然这只能是大致的估量，不能很精确，但这种估量很有意义，不能相去甚远，胡说妄估。比如，现场大约有多少个人，有多少棵树，有多少辆车，旗帜有多高，路面有多宽……这与一个人的生活经验有关。有一定阅历的人，现场判断得准确，话就说得自信流畅。反之，有可能由思维的迟滞引起话语的不利索，如果估量有误，那更加伤害了即兴话语。与估量相伴随的是换算，即兴话语中的换算有加速理解的功效。比如，"两个篮球场那么大的地方""大约两人高的位置""等了差不多有一节课的时间"，这更需要有原事物和换算后打比方的两方面的准确。

即兴话语要讲好个人当时当场的感觉。人在现场，伴随着眼耳鼻舌身的直接感觉，恰当、生动、准确地讲好自己的感受，是即兴话语的优质成分。这当中也包括当时涌上心头的感情，或感动，或震惊，或激动，或惊讶，或喜悦，或悲伤……感觉大悲大喜才需要使用情感词汇。使用情感词汇要贴切，要避免矫揉造作。有时还有更直接的身体感官体验，或感觉呼吸顺畅，或感觉一片清凉，或感觉气喘吁吁，或感觉手脚麻木……

即兴话语的表达常常要有手势和动作相伴随，手势动作将会为即兴话语增添色彩。伸手触摸时，脚下走动时，转动身体时，抬头观望时，手臂高举时，指向远方时……这些即兴的动作与即兴话语配合，使语音产生了活力，这种活力使广播的听众根据自己的经验产生置身于现场的联想，使电视表现产生更强烈的由视听组合的整体效果。积累一部分常用的形体动作并且使用好这些形体动作，是从另一方向提升即兴话语质量的动力。

（三）逻辑能力对即兴话语质量有重要影响

使用好即兴话语，要有相应的逻辑能力。逻辑的理解和表达都要靠语言。同样，语言中要含有明确的逻辑。快速的即兴口语没有琢磨推敲的过程，脱口而出，侃侃而谈，那就以讲话人的基础逻辑能力修养为起点。

事物之间有多样的关系，在语言表达时，有并列，有对比，有交叉，有递进，有转折，有让步，有因果，有承接，有连动，有正反，有矛盾……这些关系还有可能演变成多重的关系，尽管口语中的层级不会太多，但是关系层次还是经常要说到两层以上。这些语句间的各种关系都有相应的关联词，准确使用这些关联词就显得尤为重要。在口语中，这些关联词有显有隐，有的需要说出来，有的不必说出来，但说话人心里要有那些事物关系的理解，话才能说得明白准确。

逻辑推理有演绎推理和归纳推理两大方向，即从一般到个别和从个别到一般；还有类比、假设等常用的逻辑。这些推理方式在人类文化中已经历经了几千年，这样的逻辑能力播音员主持人并不是没有，日常思考都在使用，而要在即兴话语中表达得更加自觉、更能控纵自如、游刃有余，就有一定的难度。然而，现实的广播电视节目并不因为其难而降低欣赏和期待的水准。整个社会的观众听众的文化修养理解能力、评判能力都在提高，所以也就推动着即兴话语的水平不停地向高水平发展，不能在这方面不断前进，就是在停滞倒退。

尝试着多写，有些精写的文稿在写过之后反复修改增删，在一次次修改中体会各种逻辑关系和逻辑推理的表达，是提高的重要途径，炼词炼句达到一定的数量，逻辑能力就会惊人地转化到即兴话语上来。当前，我们看到优秀的突发事件报道、即兴评论、即兴谈话，成功的现场主持、现场解说、现场掌控，无一不是在这方面较为强劲。

（四）纠正即兴话语中的偏差

提升即兴话语质量，还要注意纠正即兴话语中的偏差，剔除其中的"杂质"成分。这是当前一个时期内大多数播音员主持人提升即兴话语质量的一项重要任务。我们常常听到，不论是有稿在现场背诵，还是即兴造句说话，这些"杂质"成分都有习惯性的存在。

"杂质"成分主要有以下一些。

1. "那么"。这是主持人即兴话语中最常出现的声音。"那么"是表示条件关系的一个关联词，通常是"如果……那么……"这样的结构，或者省略了"如果"只说"那么"。

但是很多人在即兴话语的句首之前以这两个字起始，然后再说其他，仿佛不"那么"就不会说话。在有的人嘴里，这两个字像语句的帽子，没有"那么"这顶帽子，话语就不能出场。"那么"现象从中央台到地方台都普遍存在。甚至影响到社会生活里，很多学生、干部讲话也形成了这样的话语习惯。

2. "然后"。这是社会生活对播音员主持人的影响。幼儿时期，母亲和老师给孩子们讲故事的时候，常常说"然后……"。当孩子们长大了，相当一部分人嘴里的"然后"就何其多！前句后句不论是什么关系，总少不了把"然后"夹在其间。统计下来，虽然在广播电视中的即兴话语里的"然后"要比实际生活中人们说话时出现得少，但是其严重程度也不容忽视。

3. "也是"和"还是"。这两个词是表达重复现象，非第一主要事物时所使用的副词，是介绍伴随状态的事物时所使用的表达方式。然而，相当一部分人在正常表达唯一事物时常常夹杂着它们。追溯以往，这两个词可能是早些年体育比赛解说为了照顾刚刚打开电视机的观众，在反复介绍参赛者和赛事背景时使用的。比如，"我们还是要向大家介绍……"，再如"某某运动员也是……"。如果不是那样的时空，不是那样的需求，即兴话语中不分场合、不辨情境地、习惯性地不合理使用"也是"和"还是"，就会破坏实际的语义。

4. "可以说"。这个词的使用带有让步色彩，就是稍显有些勉强的认可；或者是只能在某个特定意义上才能够高调认定；或者是从某一角度对事物的判定。而有人在即兴话语中把正常表达的内容统统加上"可以说"，就把本来应该肯定的事物，说成一种牵强的感觉。似乎是在强调，实则是削弱了语义。当今即兴话语中爱说"可以说"的人似乎越来越多，这是值得警惕的事情。

5. "嗯"和"啊"。这是在半句话时出现的无意义音节。一般生活口语说话是 7 个字左右，而广播电视的工作语句，相当一部分带有书面语的性质，语句长度超过 15 个字。有人并未意识到即兴话语不同于生活口语，还用生活口语的说话习惯来说，结果呼吸的量、句子的心理准备，都还是短句的意识，那势必说到半句话时就出现了不应有的停顿，大脑空白之时就不自觉地"嗯""啊"，之后再说下去。这莫名其妙的断句破坏了语义的连贯，让听众、观众的听觉感到吃力。

6. 其他还有一些多余的话或者多余的词。比如，"接下来，我们去采访一下这里的人们"，这样的动作，有时并没有必要告诉人们。类似的还有"请跟随记者的镜头到那里看一看"，这样的话第一次说有点儿新意，第二次就一般化了，以后每次都这样，就显得贫气。这样的话有时完全可以不说，直接去采访该多么好。还有"非常良好"这样的话，多了"非常"二字成了病句，类似的情况还是不少见的。

出现这些问题的原因是，最初学习时就是照葫芦画瓢，见到前面的人那样说，自己也跟着那样说。自己说话的时候没有认真思考话语的真正语义，就凭着自己收听收看广播电视的印象习惯性地说下来了。直到工作多年，头脑中仍然是似是而非的概念，并没有认真想过为什么要说这些话，更没有想想如果把这些话语中的"杂质"剔除，即兴话语会更准确。

其实，听众观众在听到这些话时，会感到不舒服，理解的过程不通畅，他们自己会有意无意地在头脑中摒弃那些"杂质"部分，筛选出有用的内容接受。这并不是播音员主持人所期望的。

怎样逐渐消除即兴话语中的这些"杂质"呢？纠正已经形成的话语习惯，同时建立新的话语体系，的确需要下一番功夫。

首先要进行一番语言的学习，经常查查字典，学学语法，练练修辞。明确这些词语的意义，建立正确的语义概念。正确的理解，是正确的感觉和表达的前提。在理解的基础上，常常回放自己的录音，认真听，仔细分析，发现错误，即刻大声纠正，认真说几遍没有"杂质"成分的语句。这样的大声重复多了，就能够建立新的话语习惯，习惯成自然，形成新的高质量的没有瑕疵的即兴话语。

播音界的前辈曹山老师曾经说过："有稿像没稿，没稿像有稿，貌似生活，高于生活。"[①] 这是对于播音主持语言的经典概括，对于即兴话语似乎有更多的指导意义。

当前，播音主持过程的即兴话语越来越多，不能依赖文稿的挑战越来越明显。职业的播音员主持人绝不能只会念稿背诵。提高即兴话语的质量，是每一个播音员主持人相互竞技的一个方向，也是提升广播电视节目质量的一个重要领域，还是各台之间总体竞争的一个方面。可以看到，全国各地的广播电台和电视台的即兴话语都有一个提高的空间，大家都有可能比现在说得更好，也应该比现在说得更好。在广播电视新的发展时期，期望能够有更为优秀的即兴话语表达出现在广播电视节目中，让观众和听众得到更佳的听觉享受和话语示范。

---

① 吴弘毅. 播音主持艺术语音发声 [M]. 北京：中国广播电视出版社，2001：97.

第六章 新闻节目播音主持的实践研究

第一节 现场出镜报道

一、概述

（一）新闻现场出镜报道的概念

电视新闻现场出镜报道，即报道者置身新闻现场、叙述新闻事实、传达事件动态、点评新闻事件，以采访者、目击者和参与者的身份进行新闻报道。

报道者一般来说主要是记者，也可以是播音员主持人。电视新闻现场报道不同于广播新闻现场报道，需要报道者面对摄像机镜头给出图像报道新闻事件，要注意有声语言和非语言的结合。现场报道具有及时性、真实性、丰富性等特点，越来越受到媒体和受众的重视。

关于电视新闻现场报道，还要注意区别"现场报道"和"现场播报"的异同。现场播报一般是指报道者在现场开头说一段已经准备好的话，之后便不再出现于电视画面中，其与新闻事件也没有同步活动、采访、报道。因此，一般不将其作为现场报道的一种类型。

（二）新闻现场出镜报道的要素

1. 报道者

记者是电视新闻现场报道必不可少的要素，也可以说是现场报道的重要标志。如果一个新闻现场没有记者，只有一段画面和声音，受众大多会云里雾里、不明就里。在绝大部分时候需要记者的出镜采访、说明、提炼、报道，或者是以画外音的形式配合现场画面进行讲解。

报道者首先应当是新闻的"过滤器"。除了对新闻选题、新闻价值的判断之外，在面对即将报道的新闻事件时，应当结合广义备稿和狭义备稿，在信息聚集的新闻现场分离出有效信息，在大量的背景资料中筛选出事件核心问题，组建一套完整的信息流。简单来说，也就是要过滤无用信息、筛选报道核心、实现有效传播。

报道者应当是受众的"导游"，从交代背景、介绍现场，到整合信息、深入采访等，都需要报道者引领着受众在新闻现场以及新闻事实当中游走，通过一层一层分析、一点一点深入，最终让受众了解新闻事实，从中收获信息。

报道者还应当是受众的"代言人"。报道者采访现场相关人员是现场报道的重要组成部分，只有进行了深入、全面的采访，才能形成客观、可信的结论。报道者不仅要和新闻事件同步，还要和受众心理同步；既要考虑新闻传播的专业要求，也要考虑受众的心理期待。

报道者同时也是媒体实力的具化"缩影"。电视新闻现场报道者是其所在媒体的代表，对同一个新闻事件不同媒体的报道者可能会有不同的方式和角度，而他们的言行及水准往往从一个侧面展示出了媒体的理念和水准。

2. 在现场

新闻现场是新闻事件刚刚发生、正在发生或者即将发生的时空。一方面，空间概念的现场是必不可少的，必须有事件发生的地点才有现场报道的可能；另一方面，随着媒体竞争的日益加剧，"现场"越来越带有时间的概念，如果所发生的新闻事件已经过去，那么新闻价值就大大削弱了，也已没有现场报道的必要，"快"成为现场报道的一个重要争夺点，能够"第一时间"从新闻现场发回报道一定会在竞争中占据先机。

同时，新闻现场也是新闻真实性的重要保证。报道者必须亲临现场、亲眼所见、亲耳所听、亲自采访，准确、清晰地报道新闻事件。要时刻牢记记者的使命和职业的要求，不能因为外界或自身的任何原因而做虚假的现场报道。

3. 受访者

电视新闻现场报道者在面对复杂的新闻现场和众多的新闻相关者时，为了报道的充实、全面、有说服力，选择受访者进行采访是一种常态。但是值得注意的是，受访者属于比较难以掌控的一个要素，会使得采访产生不确定性。比如，"央视走基层"街头调查采访"你幸福吗"，有人就回答"我姓曾"，汉语的同音现象导致了交流产生了偏差。在现场报道中，报道者要恰当选择受访者，一般来说受访者范围要宽，要能反映事件的各个方面、和事件联系要紧密、要愿意配合完成采访报道。

4. 音响声

在现场报道当中，除了报道者的有声语言、采访的同期声之外，还应当有新闻现场的音响声。虽然说音响报道在广播报道中使用得较为普遍，但对电视新闻现场报道来说，很多时候来自现场的声音配合着画面和有声语言，会产生更强、更直观的冲击力。比如，现场直播报道钱塘江大潮，潮涌的声音便是报道的一个重点，因其是"壮观天下无"的钱塘江大潮的重要组成部分。还有一些现场的音响声是可以起到说明事实、突出主题、渲染气氛等作用的，也应当在报道中着力加以呈现。

5. 设备组

这里所说的设备组，包含了两个方面的内容：一是采播设备，即话筒、摄影机、特殊情况下的手机、SNG 卫星新闻采集车等；二是现场道具，即报道者为了能够解释现象、说明事实、分析情况、更好地传达信息等而在现场临时使用的一些物品和道具。

（三）新闻现场出镜报道的特点

1. 时效性更强

新闻的时效性是衡量新闻价值的重要尺度，其中既包含了速度的快慢，也包含着其所带来的社会影响和社会效益。和一般的电视新闻传播相比，现场（直播）报道就在新闻现场，而新闻事件刚刚发生、正在发生或尚未发生，可以说没有时差或时差极小。这样的传播过程具有同步性、即时性，满足了受众的期待，符合电视新闻发展的要求，时效性的体现最为典型和集中。

2. 现场感更强

电视新闻现场出镜报道能够通过采编设备等最直观地展现新闻现场的环境、气氛、人物、活动以及语言、音响等方方面面，报道者则在现场边看、边听、边感受、边观察、边记录、边采访、边报道，引导受众进入现场，给予受众强烈感染，这些综合作用共同赋予现场报道更强的现场感和感染力。

3. 信息量更大

不管是相对于纸媒、广播，还是其他电视新闻传播，现场报道呈现的元素都是最为丰富的。纸媒记者用文字报道，广播记者用声音报道，而现场报道记者除了运用有声语言之外，还有自身非语言参与报道，表情、动作、服饰等都能够传递信息。除此之外，画面、音响、受访者、同期声等也都是现场报道的重要组成部分。可以这么说，现场报道中出现的一切因素都具有信息价值和意义，将其很好地组合、表现、挖掘，有利于传播目的的实现。

4. 可信度更高

现场出镜报道是一种全面、丰富、立体式的新闻报道，现场的展现、采访，情况的发展、推进等都是真实性的最好注解。报道者用现场、用事实说话，说服力更强、可信度更高，能够给受众以强烈的冲击力和真实感，并使之信任其所做的报道。这是新闻传播的重要前提和保障。

二、创作要求

（一）准备技巧

1. 整体准备，具体准备

精心、到位的准备是电视新闻现场出镜报道成功的前提和基础。无论报道日常事件还是突发事件，都要进行整体的和具体的两个层次的准备工作，也可以类比"广义备稿"和"狭义备稿"来理解。整体准备就是报道者应当有意识地把握政策、了解社会、体察民情、增加底蕴、开阔视野、提高素质、提高专业能力、完善综合素养。具体准备就是在现场报道之前的一些有针对性的准备，比如整理资料、梳理思绪、分清主次、明确重点、找准报道角度、明确报道主题、理清报道程序、确定采访对象，以及应对不同结果和突发状况的预案，等等。

2. 注重事实，坚守道德

事实应当是新闻报道者永恒的准则和目标。在现场报道的时候，千万不能以自己的感觉代替事实，而要把在新闻现场最朴素的感受鲜明、生动地表达出来，以冷静的态度从旁观者的角度报道，避免感情用事。还要注意不能将事实与观点混为一谈，告诉受众事实，不进行主观价值判断，要将事实和由此生发出来的观点分开，不能误导受众。新闻工作者的职业道德是需要坚守的，除了注重事实，现场报道者还应当具备高超的专业素养和强烈的社会责任感，以积极正面的心理状态和良好饱满的精神状态做好电视新闻现场报道这一综合性的新闻传播工作。

3. 选题准确，角度新颖

电视新闻现场报道的选题，应当根据具体新闻栏目的要求以及重要性、关注度、价值性、特殊性、迫切性等原则来综合确定。而对于同一个新闻事件可能会有不同的报道角度，这就需要报道者反复琢磨、仔细推敲，能够找到新颖的视角进行报道，避免落入俗套，引起受众审美疲劳。这一点应当说除了和整体栏目的要求相关，更重要的在于报道者的"广义备稿"是否深广以及经验的积累、用心的程度等方面。电视新闻现场报道者一定要有意识地丰富自己、不断学习，从而更好地胜任这一工作。

（二）表达技巧

1. 报道清晰，描述全面

现场出境报道时的语言应当做到让受众听得清楚听得明白听得舒服，注意谈话式、交流感的运用和表现。对于新闻事实的描述要注意概括性，切不可洋洋洒洒、拖沓冗长；而对于一些重要的细节则可以详细描述。同时要注意对于时间、地点、人物、物体等画面中不能表现或不能直接表现的内容进行补充、说明。采访时则要注意语气恰当、表达清晰、状态从容、注意力集中以及体态语配合。要注意避免重复、没有重点、一气儿到底没有停连、镜前兴奋过分夸张、表达苍白平淡无味、机械背稿缺乏交流等问题的出现。

2. 评论到位，短小精悍

由于很多时候演播室有新闻主播、评论嘉宾，还有连线特约评论员，再加之报道时长的限制，出镜记者的评论基本以短评为主，而且是非常简短的评论，一般就几十个字、几句话，就一点进行评论、篇幅短小、定点落脚、深化主题，可以为受众提示重点、倡导方向、引发受众共鸣。在评论包括描述的时候，新闻文稿为辅，而即兴口语表达为主，因此，要注意语言表达的逻辑感、时间感，适时以身姿、眼神、手势等非语言要素加强表达效果。要注意避免"为评而评"，避免空话套话。

（三）采访技巧

1. 熟悉对象，准备话题

采访是为了了解现场情况、调查事件真相、挖掘事件内核，是电视新闻现场报道的重要手段。采访之前首先要选择采访对象，这其中一般会有新闻当事人、事件关联人、现场旁观者等，他们会从不同角度给受众展示新闻事件。选定了有代表性的对象之后，要熟悉他们，在正式采访之前做简单的沟通，针对不同的人做不同的采访方案；但如果是突发紧急事件这一环节可能便会省略，那么报道者就应当调动自己全部的储备选择采访对象，争取"一击即中"。采访时话题的准备要充分、到位，这就需要报道者尽可能在有限的时间内占有大量的背景资料和相关信息，明确话题的推进层次。

2. 提问简练，把握时机

报道者在提问时要有自信、仪态自然，注意开始时问候受访者，提问要简单明了、开门见山，语言要自然、质朴、口语化，态度要真诚、"走心"。如遇到采访对象听不明白、无话可说，拒绝回答，答非所问或是对报道者产生抵触、反感等情绪时，要及时调整自己的采访过程和对话语言，切不可继续下去，否则很容易造成有效信息的流失和采访的失败。在应对相对复杂的谈话时，要注意思维积极运转、精神高度集中，能够根据对方的谈话内容把握追问的时机。开放式的问题和闭合式的问题应当有机结合，前者可以挖掘细节、完善事实，后者则能迅速引出观点、阐述事件，二者组合提问，能够提高采访效率、获得有效信息。另外要注意提问的层次，形成逻辑严密的"问题组"或"问题链"，问题层次清晰有利于真相的探究和调查的深入。

3. 善于倾听，恰当质疑

一般总是说"会听才会问"，正是表明了在对话交流中善于倾听的重要性，在现场报道采访的过程中，倾听采访对象讲述是一个重要环节，是报道者了解新闻事实、了解采访对象的必要途径。倾听时要集中注意力，分辨并记住受访者所说的内容和观点，提炼有用信息；要边听边观察对方的情绪、表情、语气等，以免发生误读；在倾听时思维还要积极运转，对回答的内容进行甄别，看是否达到预期；保持即兴反应的积极状态，一有合适的时机就要及时补充问题、追问问题、恰当质疑，不要固守采访提纲或报道预案。值得注意的是，一定要区别观点与事实，千万不可将二者混为一谈，否则这样的现场报道便是失真、失实的。

（四）操作技巧

1. 引导受众，配合主播

电视新闻现场出镜报道的重要任务就是引导受众关注重要信息。如果报道者的报道毫无逻辑、毫无重点、毫无目的，那么便很难引起受众的关注，传播的目的就无法实现了。报道者应当在现场报道时以自己的思维角度、报道方式等向受众传达有价值、有新意的重要信息，引领他们一步一步探究新闻事实、获取有用信息，引导他们的关注方向、关注内容。同时，在现场报道的时候，报道者还应当注意和演播室主播的配合，一方面语言要简洁、质朴，给出时间、地点、人物、事件、进展等基本情况；另一方面要了解连线时的"延时"特点，和演播室主播达成默契，报道时既不要抢话，也不要冷场。

2. 细致观察、准确判断

观察和判断是到达新闻现场之后、开始报道之前的重要环节，没有快速、细致、敏锐的观察力和明晰、高超、果决的判断力，很难进行准确、高效、出色的现场报道。观察和判断几乎是同时进行的思维活动，一般来说新闻现场都是比较混乱的，信息庞杂、人员众多，乍看无从下手，这时就需要先冷静观察、判断，能够迅速地发现重点、亮点、新鲜点，并开始构思报道。第一，要抓住典型新闻现场，把握现场采访时机。选择最为典型的环境作为自己的出镜背景，通过背景画面传递更多的事实和细节；也要通过观察及时把握可能的采访时机，学会见缝插针，抓住机会。第二，可以选择多样的出镜形式。比如，静态和动态结合，将所需要的报道点和细节点通过自己的运动或是指引摄像机运动，在报道中串联起来，丰富形式，突出主题。第三，要注意细节的抓取。在现场报道中，细节不一定决定成败，但却会让一个报道增辉添彩、深入人心。因此，除了运用有声语言传达信息之外，报道者还应当调动视觉、听觉、触觉、嗅觉、运动感觉、方位感觉等感官机能，以各种细节弥补和丰富信息的传达，展示事实、深化主题。

3. 预案充分，灵活应变

电视新闻现场出镜报道，尤其是直播报道，不可预测、不可控的因素很多，这就要求报道者在事先就做好较为充分的应对预案，以防意外状况的出现。但是如果是突发事件的现场报道，可能时间紧迫来不及做应急预案，那么如果出现问题就要以自身的专业素养来解决了，灵活应变看似简单，好像是"抖个机灵"、换个方式就行了，实则不然，其更多的是专业能力和敬业精神的显现，只有这样才能激发出灵感、想出办法，在整个现场报道过程中，思维应当积极运动、精神应当高度集中，既要完成既定的复杂的报道任务，还要绷紧一根弦随时准备应对突发状况。因此，如果没有过硬的专业技能和高度的职业精神，是很难将突发状况处理得很好的；而一旦应变得当、处理得宜，就有可能产生更有价值的报道内容，实现更高水准的现场报道。

三、分类创作

（一）按播出方式分类

按电视新闻现场出镜报道的方式分类，可以分为录播现场报道与直播现场报道两种形式。

1. 录播现场报道

录播现场报道分为前期拍摄和后期编辑两个环节，可以进行反复试录以及后期制作，相对而言难度较小；其选题也比较灵活，覆盖面比较宽，时效性不太强的报道均可使用这一方式。录播现场报道是现在使用频率较高的报道形式，录播现场报道可以有效地避免声音和画面"两张皮"的现象，精心编辑、主旨明确、重点突出、现场感强；新闻选题多样、报道内容丰富。但是其最大的不足就是新闻时效性较弱，相对于直播现场报道紧张度、吸引力等方面都略欠一筹。

2. 直播现场报道

随着电视新闻直播"常态化"发展，直播现场报道已不仅只在大型直播活动或新闻事件中使用，而是日渐在日常新闻直播报道中频频出现。直播现场报道大致有与新闻事件同步发生的直播型报道、新近发生事件的最新报道等具体形式。

时效性和现场感是直播现场报道的最引人注目之处。直播的"一次性"特征考验着报道者的素养和能力，而现场画面、同期声等又会给受众带来新闻现场的视听冲击，因此日益获得媒体和受众的青睐。

需要指出的是，对电视新闻现场报道者来说，并不是态度冷漠、事不关己就能显示中立、公正。根据不同的报道内容具体分析，只要观点正确、立场正确，适当表情达意是可以的，因为适度带着正确倾向情感态度的报道是能够引起共鸣的。但是要注意，也不能过于沉浸在或狂喜或悲痛等过于强烈和紧张的情绪中，尤其是体育赛事的现场报道，过分煽情会导致新闻工作者主体性的丧失、主体情绪的失控、新闻严肃性的丢失，令传播效果大打折扣。

（二）按出镜方式分类

电视新闻现场报道者按出镜报道的方式分类，可以分为出镜现场报道与出声现场报道两种形式。

1. 出镜现场报道

一般来说，电视新闻现场报道者在报道时是要出镜的，也称出镜记者现场报道。出镜记者即在新闻现场面对镜头从事信息传达、人物采访、事件评论等工作的电视记者（或播音员主持人）。出镜现场报道相对于出声现场报道更为常见和普遍。

2. 出声现场报道

出声现场报道严格来说是出镜记者现场报道的一种特殊情况，是具体现场报道过程中的灵活变通。即虽然记者也在现场，但不需要出镜报道，只需要记者的语言配合画面介绍即可，重点在于让观众直观、全面地感受到现场发生的情况；主要通过视觉配合着听觉来接收现场信息，记者出镜反而可能会影响画面信息的传达。虽然不如出镜现场报道常见，但也是现场报道的重要方式，且其使用有越来越广泛的趋势。

（三）按出镜体态分类

电视新闻现场报道者按出镜报道传达信息时的体态语来分类，可以分为静态现场报道与动态现场报道两种形式。

1. 静态现场报道

静态现场报道是指报道者以固定姿态面对摄像机镜头、以有声语言为重点进行现场报道，有时可适当引领摄像机运动或播放事先采集的视频资料。

静态现场报道者身姿相对固定，给人以真实可信的稳重感；出镜时背景选择可以多元，一般来说动态背景可以提供更多的细节和信息，具有一定的优势；同时静态身姿在报道时更具可操作性和便利性，是最为常用的现场报道方式。

2. 动态现场报道

动态现场报道是指报道者以动态身姿出现、在传递新闻信息的同时带领受众进行体验的报道。

动态现场报道需要报道者边走边说，十分考验注意力的分配以及语言的表达；报道场景是纷杂的、不固定的，甚至是未知的，也考验报道者能否有专业素养和应变能力展示新闻事实、挖掘新闻空间。动态现场报道一般要根据新闻的具体情况来选择使用，特别报道中使用较多。

（四）按新闻事件分类

电视新闻现场报道按新闻事件的不同类型可以分为预测事件现场报道、突发事件现场报道以及日常事件现场报道三种形式。

1. 预测事件现场报道

对可预知的事件的全程进行报道，比如奥运会开幕式、青奥会闭幕式、钱塘江大潮，等等。预测事件现场报道又具体可分为结果既知型（如澳门回归）和结果未知型（如神舟飞天），过程一般都有大致框架，但有些事件结果的走向是未知的。这类现场报道使用得比较多，因为有充裕的前期准备时间，报道者可以充分准备、占有大量的资料，使得报道充实、丰富。

预测事件现场报道通常是社会生活中各个方面重大的实践，因此，常以特别节目的形式出现，并根据不同的内容进行整体节目包装，包括宣传片、片头、演播室访谈、板块环节设计、出镜记者现场多点报道等方面。预测性事件的涵盖面比较宽泛，有时政类、科技类、政法类、活动类等类型。

2. 突发事件现场报道

突发事件可分为社会突发事件和自然突发事件，从事件影响程度来说又有大型和小型之分。其具有不可预知性，考验媒体和报道者的专业水准。

突发事件现场报道即是对出乎意料、突如其来的事件进行报道。突发事件现场报道难度大、时间少，一般来说报道者会在准备中进入现场；而突发事件的现场往往会出现信息真空的状况，报道者要通过现场不断变化的动态信息捕捉报道重点、合理推断事件走向；

随着突发事件报道的日益成熟，后方也会编辑资料传给前方报道者，形成比较完善的"突发事件紧急报道机制"。因此，报道者的广义备稿、专业素养、行业经验以及媒体的专业程度、重视程度等都会起到重要的作用。

交通事故的现场报道一般来说要给出时间、地点、人物、车辆、事故原因、事件过程、事故责任、救助情况、道路情况、天气情况、预警提示等方面的内容。总体来说记者的报道比较全面，事实基本清楚。

如果是火灾事故的现场报道，同样也应当给出时间、地点、人物、事故原因、事件过程、事故责任、救助情况、道路情况、天气情况、救火情况、预警提示等内容，另外要注意有可能还涉及房屋结构等内容。

对于自然灾害报道总体来说要注意三大块的内容：第一，灾害预警，要尽量迅速、准确，比如，对可能到来的台风、泥石流等自然灾害的及时预报；第二，灾害发生的过程中要迅速赶到现场，侧重灾情的通报、各类信息的上传下达、相关各方的沟通，并提供力所能及的帮助；第三，灾害发生之后的报道要注重分析情况、关注重建。在具体报道的过程中，应当注意事件、时间、地点、天气、受灾以及伤亡人数、各类相关数据、人员疏散情况、医疗救助情况、抢险救灾情况、相关人员采访、服务信息、避难场所、救灾物资、道路、背景等内容。这些不一定在一次报道中全部出现，要根据具体报道的时间点重点进行选择。

3. 日常事件现场报道

日常事件现场报道使用范围越来越宽，除了重大预测事件与突发事件，日常新闻事件都可以根据需要选择现场报道这一形式。一般来说，日常事件现场报道的记者起到的是串联报道的作用，报道者在报道的开头、中间、采访、结尾等时间段出现做简单述评，其余时间则是插播编辑好的新闻片，报道者的作用更在于"报道"，而不在"现场"。因此，这样的现场报道更多地采用录播现场报道的形式，报道者的作用不是很大。

（五）按报道功能分类

电视新闻现场报道按报道功能划分大致可以分为目击式现场报道、回顾式现场报道、体验式现场报道和调查式现场报道等类型。

1. 目击式现场报道

严格来说，只要是"现场"报道，报道者就必然要"目击"现场。这里所说的目击式现场报道主要是指报道者在新闻现场通过观察、采访等将新闻事件同步向受众进行报道，即报道与事件同步发生。

目击式现场报道使用范围比较广，之前的实例基本都可以纳入目击式现场报道的范畴，但同时对报道者来说也具有一定的难度，因为新闻现场发展迅速，有可能瞬息万变，因此，对报道者提出了较高的要求。

2. 回顾式现场报道

回顾式现场报道是指新闻事件发生之后迅速将事实信息传递给受众，这其中也是包含着报道者前期和新闻事件发生时的准备、观察、搜集、采访、记录等工作成果。

回顾式现场报道一般多用于突发事件、重要会议等发生、进行之后，如果是与之发展过程同步报道，则可纳入目击式现场报道，否则还是应当属于回顾式现场报道。

需要注意的是，由于现场报道的特殊性、现场情况的复杂性、报道时间的紧迫性，报道者经常会将一些重要的信息点、数据等记录下来，在直播报道时参考，以防出现口误或是遗漏，这是对新闻事实负责、对职业负责、对受众负责，是一丝不苟的工作态度、高度的职业精神的体现，符合现场报道的特殊要求，并非不专业的表现。

3. 体验式现场报道

严格来说，所有的电视新闻现场报道也都具有体验性。但这里的体验式现场报道主要指的是报道者身处新闻现场，亲自参与其中，使得报道更加直观、更有说服力。

因体验式现场报道形式灵活、传播效果好，一改不少新闻报道呆板、生硬的风格，在现场报道中的使用越来越普遍。但值得注意的是，报道者在积极体验的同时也不能忘记自身职责和要求，要客观说明、公平报道，不能因为自己参与其中甚至乐在其中便带有主观感情色彩。

4. 调查式现场报道

调查式现场报道主要针对热点事件、焦点新闻、重要现象、重大问题等方面展开采访、调查、报道，探求事件真相、搜集各方意见、给出舆论导向。调查式现场报道一般不适用于突发事件，因其需要一定的准备、采访、编辑时间，相对来说架构较为完整，甚至可以自成节目。

一般来说，调查式现场报道可以分为两大类：一类是浅层调查采访报道，比如CCTV"走基层"系列报道"你幸福吗""爱国是什么"，等等；一类是深层调查采访报道，比如《焦点访谈》《新闻调查》等固定栏目，调查式现场报道是节目其中的一个重要部分。

调查式现场报道一般还会出现报道者的评论。评论其实是现场报道者的一个重要技能，尤其是短小精悍、三言两语的点评。在报道中出现的评论，应当避免套话空话，争取一语中的，实现揭示主旨、深化意义、升华主题的作用。

第二节　演播室新闻播报

一、新闻稿件的特点与新闻播报

新闻写作以叙述为主，语言高度概括简练，逻辑性强。第一，新闻稿件必须具备真实性，真实是新闻传播可信度的保障；第二，新闻稿件必须具备新鲜性，即时效性，时效性是新闻传播的重要价值所在；第三，新闻稿件应当短小精悍，简洁是新闻传播的内在要求。

新闻稿件的特点对新闻播报产生规定性影响，因此，新闻播报首先要体会新闻语体真实、客观、准确、郑重的本质风格特点，不能把个人的好恶掺杂在播报稿件的态度中。新闻的时效性要求主持人有很强的时间观念，应提前做好播报准备，容不得翻来覆去琢磨播报技巧，拿到稿子很快就播出。因此，平时要刻苦练习，在扎实的语言基本功基础上沉着、从容地播报稿件。工作作风要严谨，一言既出，驷马难追。

主持人播读的稿件，不完全是原始素材。主持人看到的画面，已是摄像记者和电视编辑对客观现实的提炼、剪辑，因此渗透了其主观意图。除了出镜记者以外，新闻主持人，特别是主播大多深入新闻一线较少，因此，主持人要更多地深入一线，深入生活，一方面增强感性认识，在播报时方能体现出真情实感，给观众以真实、客观的感受；另一方面由于深入采访实践，在播报时会更有传播的主动性和专业性。

二、新闻播报的要求

演播室新闻播报，也就是出镜消息播报，是电视新闻播音主持的重要形式。有声语言是播音员传达消息的主要手段，同时辅以非语言。除此之外，对于播音员的表达技巧、稿件准备、心理准备、技术准备等各方面都有着一定的要求。

（一）表达技巧

1. 准确清晰。普通话标准，呼吸无声，字正腔圆而无霸字、拖腔现象；表达规整，层次清晰，重点明确。传播无噪音、无损耗。

2. 质朴新鲜。基调恰切，语气适宜，朴实无华；感而不入，音色明亮，以新动人。避免居高临下拿腔拿调、追求"个性"怪腔怪调、自以为是形成"唱调"、准备不足用"保险调"等现象。传播无定式、无拘泥。

3. 平稳顺畅。节奏平稳，语流顺畅，多连少停；避免大起大落、大开大合、大停大连。传播无滑涩、无板结。

（二）稿件准备

稿件的准备一般可分为广义备稿和狭义备稿两种。前者需要政策思想水平、文化底蕴、生活体验等的积淀，后者则是专业素养的具体体现。由于新闻直播的特殊性，时间紧、任务重、不确定因素多，狭义备稿时间有限，广义备稿往往起着更为关键的作用。这就要求播音员保持好奇心、好学心，以敏锐的触角感知当下社会生活中的大事小情、热点焦点，利用传统媒体和新媒体客户端了解各类信息；同时注意对各类具体知识，比如人名、地名、专业术语，等等的学习和了解，为新闻播音工作打下坚实的基础。广义备稿越深广，狭义备稿越轻松、精确。

狭义备稿除了划分层次、概括主题、联系背景、明确目的、找出重点、确定基调这传统的六步之外，还应注意以下两点。

第一，全面把握、整体创作。要有整体创作观，不能局限于某一句话或是某一部分内容上，也不能将稿件按照自然段或是句号进行割裂；拿到稿件首先要通读，将稿件整体大致了解，再具体找层次、主体、重点等内容进行细致分析。要将每一篇稿件的导语、主体、背景、结尾进行全面把握，了然于胸，明确各部分之间的关系和承接点，完成整体化的创作。

第二，具体把握、分步落实。很多新闻只需要播音员口播导语，主体、背景以及结尾等部分会以新闻片配置的形式出现，因此，就要求播音员照顾新闻片和配音稿的内容，找到具体的语气、节奏、基调、重点等要点。在准备稿件的时候首先可以是"无声准备"，重在感受、理解；准备得差不多了可以开口"有声准备"，要注意出声备稿不能过眼过嘴不过脑，一定要慢慢来，让每一个字每一句话都从大脑中过，使新闻内容序列能够形成一定的固定记忆。

（三）心理准备

除了稿件的准备之外，播音员还需要注意心理状态的调节。

第一，状态要积极，播讲有欲望。要有"你不知道我告诉你"的积极心理状态，对每一条新闻都能真正产生"新鲜感"，无论是时间新、内容新，还是政策新、角度新，调动自己的情绪，明确播出的目的。

第二，聚焦多点注意力，强化瞬时记忆力。新闻播音中的注意力，是一种有意识控制的注意力。如果注意力全部集中于提词器或是稿件，便会造成目光呆滞、表情僵硬、无交流感。因此，新闻播音注意力的聚焦是多点的，稿件内容、提词器操作、有声语言表达、非语言运用，等等，都需要播音员有意识地照顾到。当长年播音积累一定经验之后，有意识的强控制会转变成无意识的弱控制，播音会进入自然而然、水到渠成的状态。排除各方干扰、一心准备稿件、聚焦注意力，这也是记忆的前提，注意力提高了，记忆力也就增强了。记忆力的形成需要长期的训练，也需要对新闻播音的热爱，需要播音员在平时有意识地进行训练。新闻播音现多为有提词器播音，但即便如此，播音员也要锻炼瞬时记忆力，将稿件内容尽可能熟悉，唯此才能更好地提高播音质量。

第三，摒弃懈怠心理，排除紧张心理。由于长年累月在新闻播音的岗位上，不少播音员会产生懈怠、自满的心理，认为天天播出没什么可紧张的，更没什么可准备的；而有些播音员则由于患得患失、思想袱包重或是准备不足等原因过于紧张。适度紧张有利于发挥、有利于播音质量，过于松懈会使得态度散漫、状态低迷、用声无力、表达不清，过于紧张则会导致心跳加速、气息不畅、筋肉僵硬、大脑空白、思维停滞、错误百出。良好的心理素质是新闻播音的重要前提和基础，可以用心理暗示、生理调控等方式让自己的心理保持一个比较好的状态，自信、从容地进行新闻播音。

（四）技术准备

第一，提词器的使用。有提词器提示的新闻播音，可以让播音员的面部始终面对镜头，让受众产生面对面交流的亲切感、真实感，有利于传播目的的实现。需要注意的是，提词器不是读字机，不能完全依赖提词器而不进行备稿，否则播音便会变成无内容、无感受、无逻辑的见字出声，播音员进行播音之前，要对提词器进行调整、适应，每行出现的字数要适宜自己眼看、心想、口播的过程。一般来说，每行 10 个字左右会比较合适，字数太少会导致需要滚动很多行才能看完一句话或是一个意群，造成语流的断裂，字数太多则会让屏幕显得拥挤、模糊，影响识读效果。同时，播音员还要熟悉自己手中的控制器，把握字幕滚动速度。为了保证目光交流的准确、真实，播音员一般看提词器的中上部，具体还要根据机器的不同灵活变化。如果提词器在直播过程中出现问题，则低头看手上的纸质稿件继续完成播音。

第二，抬头点的标注。如果是没有提词器的播音主持，需要在备稿的时候将指头点在稿件上标注出来。抬头的目的在于和受众进行沟通交流，充分尊重受众，这样才能更好地实现传播效果。抬头不是随意的，不能毫无目的地盲目抬头，也不能只是开头结尾机械抬头；抬头的点应当是表现稿件目的的地方、突出稿件重点的地方、需要受众重视的地方以及表达礼貌尊重的地方。抬头的时候目光要集中于镜头，不能飘忽不定；抬头的时间有长有短，需要灵活运用；抬头时的播音需要瞬时记忆一部分内容，应当在平常和实践中加强练习。

第三，关系图的划定。所谓关系图，就是整条新闻稿中语句关系的标记。层次、停连、重音、节奏等，都需要用不同的标记进行标注，以帮助播音员梳理稿件并用恰当的有声语言进行表达。另外，要对生僻字进行注音，因此，演播室常备一本最新最权威的词典也可以说是准备工作的重要部分。还有就是可能出现一个词分了两行的情况，有时就需要移行，以防播音时出现断裂。

第四，非语言的控制。非语言也称体态语，对电视播音主持来说具有十分重要的作用，把握好、运用好、控制好非语言是出镜播报的重要组成部分。头部动作幅度不宜过大或过小，幅度过大显得不够稳重，幅度过小显得拘谨小气；低头看稿时不宜太低，抬头看提词器时以目光左右平移而不是头部左右晃动；不应随着内容频频点头或是偏向一边形成固定动作。目光需要跟随播出内容的不同而变化，能够产生生理和心理的双重功用；眼睛不能频繁眨动，也要避免盯着镜头或是提词器而发直，眼神要大方坚定而不能飘忽不定。唇依齿发音，提肌，开牙关，挺软腭，松下巴，感觉面部呈现出微笑的状态；避免舔唇、抿嘴、撇嘴等不良习惯，防止分散受众注意力。播音员的身体姿态应当挺拔，无论是坐着还是站着，都应当显示出潇洒、大方的气质；坐时沉肩、挺胸、阔背、直腰，下颌和小腹微收，两臂自然弯曲放于桌面，站时身直、腿直，女性两脚呈丁字步，男性两脚左右稍开，动作自然，不可僵硬，不可随意，整体控制身体幅度，与节目要求、景别等相适应。

三、分新闻结构播报

新闻消息稿件一般分为四个部分：导语、主体、背景、结尾。其中，主体部分是必须具备的，而导语、背景和结尾则根据篇幅的长短、内容的要求等灵活出现。

（一）导语的播报

导语，是一条新闻消息的开头部分，可以是一句话，也可以是一段话，以简洁的文字集中表达出消息的重点、焦点和新鲜点，引导出消息的主要内容。导语一般句子简单，句式多样，既能够概括事实、突出重点，也能够引发兴趣、吸引关注。

1. 点染式

点染式导语一般用简洁的叙述语言将消息中最重要、最具关注点的内容集中点染出来。在播报时，应当注意关键词、重音的选择。

2. 评论式

评论式导语会对新闻事实进行评价、议论，给出观点，引起重视。播报时应当注意论断的权威性、庄重性，稳重、大气、坚定、有力，并带有议论的意味，要区别于一般的介绍性导语。

3. 抒描式

抒描式导语也就是以抒情或是描写作为消息的引导，在当下的新闻播报中出现频率相较以往越来越高，不管是对新闻场景的描摹还是抒发记者编辑的感悟，都能够更为直观、自然地感染受众。播报时应把握情感的分寸，语气不能过硬，但也不能过于感情用事，真实、自然即可，要在"新闻"的框架中进行表达。

4. 导入式

导入式导语一般以某一个新鲜点为导入口，引起好奇心，调动求知欲，能够自然过渡到新闻片，播报时应当照顾消息主体内容，情绪、语气等应与内容相适应。同时，注意语尾不坠，不能落停收住，而应扬停延伸。

5. 设问式

设问式导语大致有两种方式：一是在导语结尾设置问题；二是在导语中先提出问题再回答问题。不管采用哪一种方式，都是希望以此引发受众关注和思考、强调消息内容和重点。播报时应当表达稳健有力、态度指向明确、重点落于提问。

6. 引用式

引用式导语即在导语中引用名人名言、格言俗语等内容，以加强表现力、凸显关键点。播报的时候同样要注意分寸的把握，既不能毫无表现，也不能过度抒情，而是要在消息播报的框架里完成自然、贴切、具体、生动的播报。

7. 结果式

结果式导语一般将结果或是结论直接给出，使人一目了然的同时能够起到先声夺人、吸引关注的效果。播报时要注意概括意味、结果意味的呈现。

8. 悬念式

悬念式和结果式可以说是相反的两种导语类型，前者开门见山，后者则在新闻事实中找一个切入点，提出问题或是指出矛盾，往往能够引起关注。播报时要注意稳中有新、平中见奇，切不可过分渲染、过于夸张。

9. 转折式

转折式导语，就是将导语分成两部分，后半部分转折的内容才是要说的重点，前半部分一般用来引入话题或是进行对比。播报时主要应当注意主次清晰、重点明确，不可本末倒置；还要注意色彩对比明显不突兀、基调统一有变化。

值得注意的是，导语的形式多种多样，以上只是罗列了比较典型的形式。在具体的新闻实践中，一条导语可能会综合多种形式进行表达，以上的例子中便存在这样的情况；也可能是以全新的形式出现。但万变不离其宗，播音员在实际操作过程中应当把握基本形式，随机应变，灵活进行播报。

（二）主体的播报

主体是新闻的主干，在导语之后，具体呈现事实，表现主题。一般会按照时间顺序（或者叫过程顺序）、逻辑顺序进行结构的安排。

1. 时间顺序

按照时间顺序安排新闻主体，也就是按照新闻事件发展的实际过程和先后时间，把其中最主要的阶段、最动人的细节进行描摹，给人以真实、完整、形象的感受，播报时应注意讲述感、时序感，突出形象感受。

2. 逻辑顺序

按照逻辑顺序安排新闻主体，是按照事件的内在联系，多角度、多侧面地切入新闻事实，一步步走向深入，从而使得主题更加鲜明、深化，提高新闻的说服力、感染力。播报时应注意条理性、说服力，突出逻辑感受。

同样值得注意的是，新闻主体的结构形式也是复杂多样的，很多时候是时间顺序和逻辑顺序混合编排，还会根据不同题材、不同内容等灵活变化结构形式。因此，在具体的播报实践中，播音员应当始终结合长期的广义备稿和充分的狭义备稿，不断磨炼播报快稿的能力，从而更好地完成电视新闻出镜播音工作。

3. 背景的创作

背景材料是新闻消息的组成部分，并非"必备"的内容，但其可以丰富主体、深化主题，帮助受众更好地了解新闻事实，更好地体现新闻价值。背景的位置并不固定，有时导语中即有呈现，有时融汇在主体中，有时则独立成段。播报时相对于新闻主体应"下一个台阶"，突出主体的地位，语势相对平稳，语言相对平和，具有补充说明的解释感。

4. 结尾的创作

有些新闻主体中已经把事实讲清楚了，或是简讯、快讯，也就不需要结尾了；但是有些长新闻为了让消息更加完善、逻辑更加严密，会加上结尾，总体来说，播报时要体现出全篇的完整和严密，语气应当有结束感，同时也要根据稿件的需要灵活、多变地处理结尾。

（1）总结式

这是最为常见的结尾方式，即对新闻事实进行小结，使受众更加明确消息的目的。播报时应根据具体需要讲明事实、平稳结束。

（2）评价式

评价式导语即在结尾时对新闻事件、人物等进行简短评价、议论，有时也会根据内容的需要适当抒情，更加鲜明地表达观点。播报时应注意态度分寸的把握以及议论内容的逻辑性。

（3）回味式

回味式结尾即不把话全部说完或者只说一部分，留有一定回味、思索的余地，启发受众进一步思考问题，播报时应注意不能生硬地收住，而要在语流中表现出启发式、回味性的意味。

（4）号召式

根据新闻事实，在消息结尾发出倡议和号召，多用于重大会议、公报或是重要活动的消息的结尾。播报时状态要积极高昂，语气要坚定豪迈，声音要明亮坚实，真正起到鼓舞人心、动员行动的作用。

四、分话语样式播报

话语样式指的是话语的基本态势和主要形式。20 世纪 60 年代初期，中央人民广播电台的夏青、齐越、林田和费寄平，以其成熟的艺术风格和深厚的语言功力，架构了宣读式、朗诵式、讲解式和谈话式这四种表达样式，并且成为这四种表达样式的代表人物。随着时代的发展、媒体的进步、传播技术的提高、受众需求的变化，在当下新闻播音主持创作中，话语样式和传统的四类有所不同。虽然朗诵式曾是 20 世纪 80 年代之前常见的新闻播报样式，但现在更多地使用于现场转播、大型晚会、重要讲演、电视散文等场合，已不在新闻播报中出现。讲解式则更多地运用于专题片、纪录片、文艺片的解说之中。当下新闻播报的主要话语样式为宣读式、播报式和谈话式。播报式来源于宣读式，介于宣读式和谈话式之间，是新闻播音中使用频率最高的话语样式。这三种话语样式有各自的特点和要求，但都在新闻播音主持有声语言要求的框架之内，需要播音员能够熟练掌握。值得注意的是，对于有些具体的稿件来说，播法可能具有边缘性、模糊性的情况，但播音员仍应熟练掌握不同的话语样式，灵活使用。

（一）宣读式

宣读式由朗读而来，戏曲中叫作"照本宣科"，也就是念白，本没有贬义，所谓"千斤念白四两唱"，这反而是一项难度很大的基本功。在广播电视语言中，播音员主持人在依据稿件进行播报的时候，需要一字不差地表达出来，如公告、通告、讣告、法律、法规、条文、重要人物名单、重要会议决议，等等。这是世界各国各大媒体都很看中的播音员的一项"看家本领"。但值得注意的是，宣读式并非一种常态样式，只有以上提到的那些需要郑重宣告的稿件才需要用到，这些稿件是不能做口语化处理的。

和其他几种话语样式相比，宣读式的规整性要求最高、口腔控制力度最大、语速最慢，既要有新闻的新鲜感，又要有发布重要消息的庄重性。宣读式的总体要求是严肃持重、逻辑鲜明、声音爽朗、顿挫巧妙、语势稳健。但是由于所宣读的稿件内容和形式的差异，比如讣告和贺电、命令和简历等，不能以一种固定腔调去表现，要具体稿件具体分析。

1. 公报

播送公报、公告、决议等时应当庄严郑重、大气稳健，气息坚实有力、口腔控制力度较大、严格吐字归音、声音通畅洪亮，音色、节奏等相对单一，不强调变化。

宣读人名时要注意以下两个问题：第一，轻重格式要正确。一般来说，两个字的人名读成"中重"格式，三个字的人名读成"中轻重"格式，但是需要注意的是，第二个字并不是平常所说的轻声，而是相对轻，如果由轻到重分别以"123"来形容，那么这个格式便是"213"，第三个字要重些；少数民族多字人名要根据民族习惯和语言习惯具体处理，广义备稿和狭义备稿都不能少，千万不能随意组合拼凑。第二，气口安排要合理。如果人数不多且极为重要，那么可采取一人一换气的方式；人数较多时可两人一组或三人一组换气，也可一人一换气，只是需要注意呼吸无声，且吸气够用即可，不能出现深吸长呼的现象。不管采取何种气口安排，一定要注意每个人名的轻重和间歇都是等比的，不能出现轻一个重一个或是几个密几个疏的情况；要意识到这事关国家政治、公正平等，切不可掉以轻心。人名宣读是新闻播报中较难的部分，对语速、语气、轻重以及专业素养的要求非常之细、非常之高，需要长期训练、细心感受、敏锐把握。

2. 简历

播送简历时应当态度郑重、积极，声音爽朗、明亮，语势稳健，语流畅快，把握好工作时间（穿成线）、逻辑鲜明，处理好职务头衔（抱成团）、顿挫巧妙。

3. 贺电

播送贺电时应当气势高昂、语流跌宕、高开高走、声音爽朗，传达喜悦、祝贺之情，增强感染、鼓舞之力。

4. 讣告

播送讣告时应当语气庄重、肃穆、深沉，语势低开低走、平稳沉郁，语速和缓。讣告的语速是消息播报中最为缓慢的，要注意不带拖腔、哭腔，不能过分悲痛；对于讣告中较长的逝者职务、评价等仍须整体处理，不能支离破碎。

（二）播报式

播报式是新闻播音的常态样式，使用频率最高，在"分新闻结构创作"中所讲的基本都是播报式的新闻例稿。和宣读式相比，其相对自如、自然；和谈话式相比，其相对规整、规范。播报式介于宣读式和谈话式之间，具有较为多元的表达走向和较为宽阔的创作空间，可适用性最广，可接受度最高。播音员一定要根据稿件不同的题材内容、情感态度、特征风格等要求具体、灵活、细致地处理和表达，不可以固定腔调套用所有的稿件。在"分类型新闻创作"中还将涉及不同类型新闻的播报创作。

（三）谈话式

谈话式也是新闻播音的一种常态样式，在现场报道、演播室主持、民生新闻等节目形态中较为常见，并具有一定的表达、传播优势。谈话式的表达自然流畅、松弛跳脱、灵活切近，在保持新闻语言准确、精练等特点的同时，比日常聊天规整、简洁，比播报式轻松、随和。

五、分类型新闻播报

新闻的类型根据不同的划分标准会有不同的分法，一般传统媒体的新闻部或新闻中心会将新闻报道分为时政新闻、财经新闻、科教文卫（娱乐、体育）新闻、政法新闻、军事新闻、国际新闻等类别。不同类型新闻的播报，在遵循新闻播音一般创作规律的基础上，会呈现出各自的特点，下面对几种主要新闻类型的创作要求、方法等进行阐释。

（一）时政新闻播报

时政新闻是关于国家社会政治生活中重大事件的报道，一般涉及党和国家的大政方针、领导人的政治工作、国际关系的处理等方面。时政新闻一般出现于新闻节目的前部，这是政治在社会生活中的重要性决定的，这些政治事务关系到整个社会的全局，从宏观上与全民息息相关，值得全民关注。

播音员应当有意识地持续关注国家政治生活，始终不忘广义备稿，不断提高政治素养，最终实现准确把握时政新闻的内容实质，并通过恰切的有声语言向受众传达、解释、强调消息内容，在具体播报时，立足时政新闻的政治性、宏观性、重要性，播音员的表达应当沉稳、庄重、大气、有力，立场明确、态度鲜明，字音饱满、声音明亮、气息坚实、语流自然。一般来说时政新闻以播报式为主，兼有宣读式。

（二）国际新闻播报

简单来说，国际新闻就是关于国际上新近发生的事实的报道，一般来说和时政新闻一样，主要侧重于世界各国政局的变化、政策法规的颁布、领导人的重要活动、重大突发事件、重要社会民生事件等方面，都具有鲜明的政治色彩。随着社会的发展、网络的普及，受众对于国际新闻的需求也日益增加。很多国家的主流媒体都有国际频道，电视新闻中的国际新闻栏目或是板块也十分普遍；国际新闻报道的能力也成为衡量一个媒体乃至一个国家综合实力的重要指标。播音员同样应当有意识地持续关注国际动态，尤其是各国重要政治、军事、社会形势等的发展变化、主要领导人的换届选举等，及时更新自己的知识储备。广义备稿和狭义备稿缺一不可，尤其是拗口的人名、地名等，一定要在准备的时候多试几遍，读对理顺。同时，还要对我国的基本外交政策和主要国家的国际关系等比较熟悉，注意情感、态度、分寸的把握。国际新闻除了重大时政消息之外也会有一些域外的趣闻逸事，因此，播音员要灵活调整播报状态和语言样式。

（三）财经新闻播报

社会经济的发展、生活水平的提高，让人们越来越关注经济领域的大小动态，电视媒体对财经消息的报道已经成为新闻报道的重要组成部分，经济频道、财经频道以及经济栏目的不断涌现，证明了其有着较大的吸引力和受众面。一般来说，财经新闻报道面覆盖全社会从生产到消费、从城市到农村、从宏观到微观的经济现象、经济活动、经济关系等方方面面；具体来说，财政税收、资本市场、金融证券、投资理财、商贸房产等都是其报道对象。从体裁来看，财经新闻可以分为经济资讯、经济消息、经济评论、经济调查、经济人物访谈等。

财经新闻中带有大量的专业术语、特有名词，专业性比较强，播音员一方面必须充分进行较为系统的专业学习，长期关注经济财经领域；另一方面要在实践中做有心人，保持积极的状态，不断积累经验。播报时应当准确、清晰，尤其是经济金融相关的数据较多，对其准确播报并传达数字背后的意义尤显重要；语气应当坚定、内行、具有可信度，这也是建立在充分的广义备稿和狭义备稿的基础之上的；态度应客观，语意要集中，准确传达经济现象、经济关系等背后的实质。

（四）文教新闻播报

文教新闻是文化、科学、教育等类别新闻的总称，涉及的面比较广泛，也有不少专业的频道和栏目，在新闻传播中具有重要的地位。文教新闻对科学技术、文化教育的普及发展产生了重要的宣传、推动作用，同时其具有新闻性、科学性、思想性、知识性、实用性等特征。

文教新闻因其自身所具有的思想文化性和科学教育性，必然要求播音员能够有一定的基础和底蕴胜任这项工作，因此，广义备稿、关注文教领域动态也是必不可少的。具体播报时应注意信息的准确传达，即将一些专有名词，尤其是复杂的科技领域的特殊概念能够表达正确、到位，做到具有说服力、逻辑感、专业性，实现传播的目的。如果遇到一些特别生僻的科技领域的名词或是理论，若时间充裕可适当查阅相关资料，若时间紧迫则可利用已有知识和相关知识结合上下文进行判断、理解，播清事实、播清脉络。

（五）娱乐新闻播报

现代社会人们满足了基本的物质需求之后，出于休闲娱乐的目的对娱乐资讯、娱乐界动态等会有所需要。但是当下的娱乐新闻，挖掘隐私、蓄意炒作之风盛行，为了独家消息、爆出猛料，不惜报道时捕风捉影、采访时设置语言圈套，陷入无趣、无聊和低级趣味之中。

娱乐新闻虽然属于"软新闻"，但依然是新闻的一种类型，播音员主持人应当把好传播环节这重要的最后一关。首先应当明确自己是新闻工作者，应当承担一定的社会责任，注意方式、态度、分寸，坚持正确的文化立场和价值判断，坚持标准的普通话，反对带有浓重地方色彩的腔调；娱乐新闻的内容和目的决定了播音员的状态应当是轻松自然的，节奏应明快，语势的幅度大，用声自然，话语样式多为谈话式，播报时应当抓住消息的"新鲜点""趣味点"，风格可以有个性化的追求，当然也要注意如果是负面新闻或是辞世消息，应当及时调整语态，不可一味"娱乐"。

（六）体育新闻播报

体育新闻是对运动、健身等相关活动和事项的报道，既能反映人类挑战自我、超越自我的崇高精神，也能让受众放松身心、休闲娱乐。体育赛事具有过程的不确定性、结果的悬念性等特点，体育新闻对其过程、结果等的报道应当是具有概括性、新闻性的；体育赛事过程的紧张、胜利的狂喜、失败的痛苦，都是高强度的情感体验，体育新闻对其进行报道，虽然不能像赛事解说那样张扬起落，但情感的表达总体来说幅度也是比较大的。

播报体育新闻，新闻播音的基本创作规律、创作要求是要遵循的，但体育新闻也有其自身特点。播音员首先应当了解体育项目、赛事规则、相关信息等，具备一定的知识储备，以便准确理解、准确播报，播音员在播报时总体来说应当多连少停、层次清晰、节奏轻快，抓住细节、新鲜点和关注点；当然也要注意根据消息内容灵活变通，不可一味轻松。

六、分典型要点播报

（一）数字的处理

新闻中的数字可以最直观地说明问题、直接或间接地表达主题，在新闻播报中是需要重点关注的要点之一。数字的绝对值是事物本身的量化记录，因此，首先要读对、读准，但是数字的作用绝不仅在于此；具体数字背后是含有文学色彩的，播音员如果仅仅"见数出声"，受众接受到的就容易变成空洞的概念，不等进入深层思考就已经流散，传播的效果也就很难实现了。对数字的处理，一定要挖掘出数字背后的具体含义，在表达的时候进行"着色"，所谓着色，就是根据新闻事实和新闻实质，用有声语言赋予数字或大或小、或多或少、或轻或重、或定或变等不同色彩和意义，从而表达倾向、态度、情感，使得受众能够从中获得信息点并抓住关键点。而当消息中数字较多时，可以选择最有价值、最能说明问题的一个或几个数字进行强调和着色，其他的则可顺势带过，清楚即可。

另外，小数点一般要儿化，即读作"点儿"这是新闻播音中"约定俗成"的处理方法，这并非带有感情色彩的儿化，而是读作"点"显得生硬、尖锐，"点儿"则易于接受，是出于听觉的舒适和受众的接受的目的。

（二）长句的处理

长句是新闻播音时常会遇到的现象，虽然提倡句子短、口语化，但囿于内容的表达，很多时候长句的出现不可避免。长句的处理涉及气息运动、唇舌力度、感受理解等方方面面，可以说，处理好长句是新闻播音的重要基本功。有些句子由于语法关系、内在逻辑以及修饰过多等较为复杂，可能看起来都比较费解，更别说受众听着理解了。因此，播音员要能够准确处理长句，将语法关系整理清楚，将内在逻辑梳理明朗，明确语句目的和重点，用精准的有声语言进行表达，力求受众能够听得入耳、入心。也即梳理语法关系、明确气口位置、明确语句目的、精选重音表达。

（三）提速的技巧

新闻播音一般每分钟300到320字左右，慢的话280字左右，快的话则能达到340字左右，这是比其他类型的文稿都要播得快的。但是需要注意的是，播音不是越快越好，现在很多播音员把快当作专业能力的唯一指标，而基本功扎实的就会有声音没内容、有形无魂，基本功不扎实的就是"连滚带爬""一堆乱码"了。这样的快速播报很难将信息传达到位，如果连信息共享都不能实现，那么认知共识、愉悦共鸣就更难谈及了。速度的提高，首先要以受众"听得清"为标准，不仅仅是播音员自己理解到位、播得舒服就行的，关键得让受众听得明白、听得舒服。盲目加快播报语速，会导致发音动程不够、声韵调都被挤压变形甚至脱落、语言清晰度降低；缺乏细致处理的时间还会影响语流的自然推进，使得语流单一、僵直；语速过快还会导致思维跟不上语言，最终进入无思维、见字出声的状态。这样缺乏内容的播报肯定是失败的。速度的提高，还要用一些技巧。总体来说，应当打破标点符号的限制，多连少停；灵活使用语气进行"转场"，使用偷气、就气等方式灵活调整气息；加强主次的对比，敢于将不重要的部分大胆带过。

第三节　演播室新闻评论

一、新闻评论概述

（一）新闻评论的含义

评论即是对有价值的新闻进行评述、议论。一般来说，评论需要具备论点、论据、论证三要素。论点是评论的观点和主张，以中心论点为纲、以分论点为目，分论点是围绕中心论点的不同具体方面，纲举目张。论点需要论据来证明，论据一般有理论论据和事实论据两大类。如何通过论据来证明论点，就需要论证方法了，阐述正面论点的是立论式，驳斥错误论点的是驳论式，二者的目的都是为了树立正确的观点。

传统的新闻评论主要指的是评论播音，一般来说有社论、评论、短评、编后话等形态，多为记者、编辑所写，播音员据此进行有稿播音。而当下的新闻评论，更多的形态可以称其为观点言说，即主持人在坚持正确创作道路的前提下对新闻事实、社会热点、舆论焦点、政策法规等做出个性化的议论，以此引导受众，引领舆论。

新闻评论不同于文学评论、艺术评论、哲学评论、经济评论等专业评论，其可以涉及全社会的新闻现象、新闻事件、新闻人物等，覆盖面更广，接受者更多，因此也就具有了专业评论所不具备的社会影响力和舆论引导力。如果说新闻播音主持更多的是信息的传达，那么新闻评论更多的是观点的表达。

（二）新闻评论的特点

1. 时效性：新闻评论和其他新闻传播形态一样，具有时效性的特征，对于已不是新闻的内容则没有评论的必要了。

2. 实效性：新闻评论具有一定的现实针对性，评论目标的选择应与国家、社会、人民密切联系，应有提示、引领、匡正等现实作用。

3. 政论性：新闻评论一般要求论证科学、逻辑严密、说理到位、倾向鲜明、具有一定的政治色彩，但实操中可以根据具体要求偏向评论语体或杂文语体。

二、评论播音

（一）心态自信、状态积极

新闻评论应当有自信的心态，树立"我的评论有理有力"的意识。在播音时不能被文字束缚，而是要通过自己准备之后对内容的熟悉、对观点的认可自信地进行表达，要有对稿件的驾驭感。

播音状态要积极，要有"你不知道我告诉你"的播讲欲望。在播音时要有创作的热情，并将这种热情化为对受众的吸引力、感召力，最终引导他们进行思考，实现传播目的。

（二）熟悉政策、理解稿件

一般来说，评论播音的稿件政策性较强。因此，播音员要有意识地随时进行"广义备稿"，加强对党和国家路线、方针、政策等的学习。如果对这些一无所知、毫不在意，必然无法站在正确的立场上理解稿件，自然会导致播音时的支离破碎、茫然无措。同时，播音员还要了解社会实际和人民心声，同政策理论相结合，加强播音宣传的针对性。

新闻评论稿件一般说理性较强，播音员除了广义备稿之外，也不能忽视狭义备稿的具体指向性作用。播音员要深入理解稿件内容、抓住评论主题，将论点、论据、论证等细致分析、了然于胸。这样在播音时方能游刃有余、观点突出。

（三）态度鲜明、立场坚定

新闻评论稿件是有着较为明确的态度和倾向的，播音员在创作时要把握好这种态度，并通过有声语言鲜明地向受众进行传达。在表达时要注意以理服人、语气恰当，切不可虚张声势、强词夺理。

立场坚定和态度鲜明是紧密联系的，只有立场坚定了才能表达出鲜明的态度。立场和播音员的政治素养、道德素养、媒介素养、专业素养等密切相关，播音员应当不断完善自己，以便更好地胜任工作。

（四）逻辑严密、重点突出

新闻评论稿件类似议论文，往往步步为营、环环紧扣、层层推进、条理清晰、层次清楚、论证有序。播音员在创作的时候要将这些逻辑变化用有声语言的技巧加以实现，力求将稿件完整、完美地表达。

这里的重点有几方面的含义：一是稿件重点内容要着力去处理和表达；二是中心论点一定要重点表现，因为和分论点相比，中心论点具有提纲挈领的重要作用；三是重音的选择，重音在论证过程中对于逻辑的表达和展开具有关键性的作用，处理得当会使得表达指向明确，令人信服。

（五）节奏适宜、语速合理

新闻评论稿件需要说观点、讲道理，要根据不同类型的稿件、不同风格的评论等具体实施播音的节奏和语速。整体节奏和语速不能过快，应当张弛有度、平稳推进，该快的时候快速带过，该慢的时候要慢下来留出思考和回味的空间。

一般来说，社论或者"大稿"的主题较为宏大，一些播音员对重大选题和事件或者思想上不够重视，或者理解得不够深刻，会导致心理上难以产生共鸣，思想上缺少共振，在播音时自然就会见字出声、语速放慢、拖沓断裂。而遇到一些自己特别有感触、有共鸣的稿件时，一些播音员又容易走向另一个极端，就是语速过快、情绪亢奋，要一吐为快、直抒胸臆。不管是哪一种情况，都需要播音员提醒自己冷静处理，稳定情绪，尽自己所能准备好、播好稿件，不能因为自己的原因导致传播的偏差和失误。

（六）有理有力、情理交融

无论是在表达观点的时候，还是在论证的时候，都要做到有理、有力、有节，这些内容都要通过播音员有声语言的重音、停连、语气、节奏等具体表现。

新闻评论要以理服人，要追求客观，但是也不能缺少了情感、态度，否则播音就是苍白的、干瘪的。但是值得注意的是，评论的感情和态度是融于说理之中的，可以让评论有温度、有色彩，但是也不能过于夸张、直白，要晓之以理、动之以情、情理交融、优化传播。

三、观点言说

(一) 观点言说相关概念

1. 观点言说的分类

如果说新闻评论更多的是代表党、政府和媒体的声音，那么观点言说相对而言则更多地带有主持人的个人色彩。也可以说，观点言说既有电视新闻评论的共性特征，也有主持人自己的个性特征。

观点言说按其出现的情况和内容的长短大致可以分为两种，一种是在新闻播音主持时，以某个新闻事实为对象，发表即时的简评，可以称其为即时性片段简评；一种是在新闻评论、述评、访谈等节目中，发表比较完整的长篇评论，可以称其为节目性完整长论。

值得注意的是，观点言说可以出现在几乎每一种节目类型中，常态可以，非常态也可以；新闻可以，综艺也可以；访谈可以，游戏也可以。但是这里所指观点言说取其狭义，即新闻节目中的评论，不涉及其他节目的评论。

2. 观点言说的特点

(1) 选题小切口

所谓选题小切口，其实就是指面对评论的新闻事实的时候，一方面要选择较小的角度、新颖的视点，不一定面面俱到，也不一定强求政策理论高度，关键在于能够用小角度、小切口来避免评论大而空或者偏而深；另一方面还要注意这样的小角度、小切口能够跟上社会现实的最新动态，精准抓住受众的关注点，符合受众的心理需求。

(2) 评论个性化

随着社会和传媒的发展，主持人在一线不仅只是"传达声音"，也开始"发出声音"，发出自己在政治、经济、社会、文化等各个领域的个人声音。而在现实中，这样的带有主持人个人色彩和个性特征的评论，越来越受到受众的关注和认可，让人更易于、乐于接受。一些有政策理论高度、思想内涵深度、专业知识广度的主持人的言论是受众愿意参考、愿意接受的，而他们也逐渐成了意见领袖、言论明星。

这种个性化具体表现在以下两个方面：一是内容切近、平等交流，即主持人的评论观点、表达内容等既有个人特点又贴近受众，不是直接把东西丢给你，而是和你聊天、讨论，让受众感受到亦师亦友的亲切感；二是语言表达日常化、融合性，话语样式主要用谈话式，话语体式可以平实正规、通俗灵动、消闲自在等多种结合，夹叙夹议、亦庄亦谐。

但是值得注意的是，个性化不是个人化，更不是随意化。主持人依然是新闻工作者，依然肩负着神圣的职责。这种个性化细分有三种可能性：一是完全发自主持人个体的融合了感性与理性的特殊表达，但其必须适应大范围的要求、接受大框架的约束；二是结合了党、政府、媒体的意志和个人的言论，从中取得了一个恰切的平衡点；三是党、政府、媒体的意志通过主持人之口表达出来。不管是哪一种形式，都是普遍与特殊的结合与平衡、整体与个体的结合与平衡、大我与小我的结合与平衡，看似轻松随意，实则难乎其难，并非易事。

（3）手段多元化

由于电视传播手段的日益多元化、丰富化，观点的言说也不再只是主持人有声语言的单一传播，而是一种兼具视听、丰富多彩的综合传播。第一，主持人的语言夹叙夹议，述评的方式用得比较多。即针对新闻事件、新闻现象、新闻人物等，既有事实的表达，也有观点的言说，叙述和评论经常是穿插进行的，而很少是截然分开的两大块。第二，制作、传播的手段日益丰富，一般来说，节目性完整长论基本都会使用新闻片、采访、背景资料、道具等手段，为评论服务，为节目服务，增强评论和节目的整体可看性、视听可感度、观点接受度以及传播的效果。第三，节目的形式灵活多变，既有主持人即时穿插的简评，还有主持人整档节目的"独角戏"，也有两人或多人访谈形式的完整评论，都是为了适应不同效用、不同针对性和侧重点的要求。

3. 观点言说的要素

（1）对象

要进行观点言说，首先需要评论的对象，通俗地说，也就是评论的"话头"。评论的对象可以是新闻事件、新闻现象、新闻人物等，其应当具有一定的价值点、新鲜点，或是受众所关注的热点、焦点。在具体评论的时候，"对象"有可能是评论所围绕的中心，也就是"就事论事"；也有可能是从这个"话头"说开去，涉及更为广阔的领域，评论更加普遍的问题，也就是"举一反三"。一般来说，即时的简短评论由于时长等的限制，不会铺排过多，三言两语即可；节目性的完整议论一般则会由此及彼，升华到普遍意义的层面。

（2）观点

不管是简评还是长论，观点一定是必不可少的。观点是主持人对新闻事实的认知和判断，是带有个人色彩、主观因素的评论语言，表达个人的看法和主张。主持人的观点既有个人的理解，也有职业特殊性的要求，政策理论、思想道德、文化底蕴、专业素养等都对"观点言说"产生了制约和提升的双向重要作用。因此，主持人的自我培育和提高就显得十分重要。值得注意的是，观点和论点有异同。论点更多地使用在严格的议论文当中，评论在播音中常见，要明确提出、文字缜密严格；而观点则带有个人色彩，可能在语流中不那么严密、不那么规整，但是也能够明确表达态度、看法。

（3）论据

论据在简评中可能不会出现，但是在长论中一定会出现。这是对观点的说明，应当具体、典型、新鲜，没有争议性，具有关联性。论据不仅可以证明自己的观点、反驳对方的观点，如若选择精当、使用得当，还能让评论出彩，给表达加分，使观点言说呈现有理有情、情理交融的感染力和鼓动性。论据在评论中是最鲜活、最吸引人的，能够触动人心、引起共鸣；而优质的论据还能开阔受众眼界、增长受众知识，起到引领提升的作用。但是，论据的积累需要时间、精力和过程，不是一蹴而就的，这就需要主持人具有专业热情、职业激情，成为生活、学习中的有心人，注重平时的点滴积累。唯有如此，才能在评论的时候信手拈来、游刃有余。

（4）论证

论证就是运用论据对自己观点的证明过程。根据观点，选择论据，运用逻辑，分析说理，最终形成结论。论证既可以证明自己观点的正确，也可以证明错误观点的问题；既可以线性阐释论证，也可以螺旋上升论证。结论是评论的结果，和观点、论据、论证都密切相关，观点提出时有可能粗疏、偏颇，但经过论证的过程之后形成的结论，一般来说会更加严密、严谨，而有时结论就是观点本身。论证时除了逻辑性、条理性之外，还应当注意语言的通俗性、态度的平等性、内容的具体性等要求。

4. 评论者的必备素养

（1）政策理论有高度。只有较高的政策水平、理论高度，才能把握评论的正确导向，是实现引领提升的重要前提条件。

（2）思想道德有深度。只有具备了良好的思想深度和道德水平，才能保证评论不跑偏、有价值。

（3）文化知识有广度。只有广博的知识文化水平才能更好地驾驭评论，并为受众提供真知灼见。

（4）专业素质多维度。只有拥有良好的媒介素养、新闻素养、思维能力、心理素质、新闻评论写作能力、有声语言表达能力以及播音主持基本功，才能更好地胜任电视新闻评论工作。

（二）即时性片段简评

1. 时间短、内容少

一般来说简评会即时出现于一条消息之前或之后，主持人或主播做简短的评论。由于

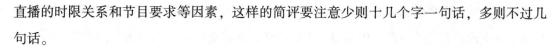

直播的时限关系和节目要求等因素，这样的简评要注意少则十几个字一句话，多则不过几句话。

2. 精议论、重结论

由于时间短、内容少，因此，简评不可能做到面面俱到、洋洋洒洒、完整论证，通常会亮明观点、精当议论，而很多时候就是一针见血、一语中的，直接给出结论。

3. 快点拨、速深化

由于时间有限、评论精当，因此，主持人的简评应当提示受众新闻消息中需要关注的点是什么，并且在尽可能的情况下进行有针对性的解读，让新闻实质、隐性内容迅速出现，拓宽受众的视野，加深受众的理解。

（三）节目性完整长论

1. 固定节目、完整评论

一般来说，长论大多出现于新闻专题节目、述评节目、调查节目以及一些新闻访谈节目中；内容相对完整，少则几百字，多则上千字；观点、论据、论证，包括结论等要素基本俱全。这样的长论出现在节目中，可能是针对一则新闻消息，也可能是针对几个对象；可能是主持人一个人的独立言论，也可能是和嘉宾、评论员等的共同评论。因此，主持人要注意评论的完整性，无论是个人完成还是合作完成，都要充分准备、力求透彻。要注意的是，和嘉宾、评论员、观察员等合作，要提前适当沟通，防止节目进程中出现"真空"或是"答非所问"的情况；主持人还要注意控场，把握好说话时间、评论走向，适时打断或是追问；整体而言要根据评论内容和合作对象具体分析，处理节目进程。

2. 观点鲜明、逻辑清晰

观点是带有主持人个人色彩的主张和看法，观点的提出要直接、明确，并且有亮点、有新意，既不能东拉西扯、云里雾里，也不能似是而非、不知所云。由于是完整的长论，因此，评论的逻辑是极其重要的，对于观点的提出、论据的使用、论证的过程、结论的得出等方面都要有明确、清晰的思路。避免论据不足、论证不够、逻辑混乱、语流不畅以及"一切问题归体制"等情况的出现。在评论的时候还要注意不能感情用事、有所偏向，这样虽然能够一时获取部分认同，但从总体和长期来看，破坏了主持人的形象和公信力，得不偿失。

3. 判断准确、结论普适

评论，其实是一种判断。比如对不对、好不好、行不行、是真是假、是利是弊、是善是恶等等。面对形形色色、五花八门的新闻，主持人需要具备正确判断的能力。正确的判断是提出正确的观点的前提，也是得出正确的结论的前提，主持人应当有意识地训练自己的判断能力。具体来说，对于事实判断应当保持客观，对于具体判断应当就事论事，对于价值判断应当不断完善自我，以期获得更为恰切的结论。最终获得的结论应当是正确的、恰当的、普适的，既能表明观点，同时还能够起到以一观十、由此及彼、由个别到普遍的作用，具有整体指导性和普遍适用性。

4. 凸显个性、追求风格

主持人的评论体现了其个人政策思想水平、文化知识底蕴、道德水准、性格特点、思维方式、表达特色等方方面面，在评论的时候应当有意识地凸显或是强化获得受众认可的个性特征，有助于个人风格的形成和传播效果的优化。主持人还应当在自我个性基础之上，能够根据不同的内容、不同的要求灵活处理评论的方式。"风格"是播音员主持人的创作个性和艺术特色，也是其价值的最高实现，不是每一个播音员主持人都能形成自己的风格，但每一位播音员主持人都应当将形成风格作为自己的追求。在凸显个性、追求风格的过程中，主持人应当正确认识自我，不能因为一时的受欢迎、获肯定就感觉优越、目中无人，切不可盲目自信，也不可居高临下。

第四节　演播室新闻访谈

一、新闻访谈的界定

电视新闻访谈是电视记者、播音员、主持人直接出现在屏幕上对新闻事件当事人或相关人士就新闻事件或新闻观点进行采访。有的节目完全由电视新闻访谈构成，被称为电视新闻访谈节目。有的节目中穿插电视新闻访谈，对画面内容做深入的解释或补充，以弥补画面的不足。

电视新闻访谈可以通过当事人之口，真实地介绍事件过程，表达自己的认识和看法。它省却了四处奔波拍摄实景的过程，可以借助语言快速获得信息。由于语言出自当事人之口，具有可信性，它成为来不及拍摄现场画面、事件发生后无法再获得电视画面以及涉及思想认识和看法等不便于画面表现时，较为真实地传递信息的常见方式。电视新闻访谈几乎在各类电视节目中都有用武之地。

二、新闻访谈节目特点

（一）采访过程公开

电视新闻访谈中采访者与被采访者的相貌、采访地点、谈话过程都显露在屏幕上，让观众听得清、看得明。具有声音和图像的电视新闻访谈最公开透明。

（二）表达手段丰富

电视新闻访谈不仅能让观众知道被采访者说什么，还能让观众看到他们的真实形象、动作、表情。表情、动作等具有传情达意的作用。在电视新闻访谈中，采访者和被采访者都可以利用自己的动作、表情来表达自己的感受和看法，补充语言的不足，加强语言的感染力。

（三）需要团队合作

有时为了使画面能同时有多角度选择，需要有两台以上的摄像机拍摄。拍摄时还需要灯光照明，话筒如何安置也需要考虑。另外，场景的选择、布置，采访采用何种姿势，穿什么服装，是否需要化妆等一系列细节和技术问题都需要专门工作人员配合。电视新闻访谈无论是在现场，还是在演播室，都不是一个人能够完成的，通常需要一个多人采访组，大家各有分工，相互配合。

（四）整体要求严格

采访者不一定要漂亮，但应让观众感到舒服、可信、有亲和力。语言和副语言应自然、大方。电视新闻访谈需要采访者具有新闻素质和广博的知识。因此，不是所有的播音员、主持人都能成功地做好电视新闻访谈节目。

电视新闻访谈对被采访者也有一定要求。有的人可以接受报刊记者、广播电台记者的采访，却不适宜在屏幕上出现。相貌太差、使人看上去不舒服的人不适合做采访对象。另有一些人的相貌是由于受伤或疾病造成的，如严重烧伤，各种影响面容的皮肤病等。这些人的相貌会分散观众对访谈内容的注意，应该对此加以画面处理。有些人因职业、身份要求，也不适宜在屏幕上出现，例如从事秘密工作的人员，需要保护的证人，在屏幕上出现后可能危及其安全、妨碍其正常工作和生活的人员。有些人在镜头前或强烈光线下过分不适，影响采访正常进行，也不适合成为电视新闻访谈的被采访者。

三、新闻访谈类型

电视新闻访谈种类繁多，我们可以从不同角度对电视新闻访谈进行分类：一是根据访谈地点的不同，可分为现场采访和演播室访谈；二是按采访目的划分，主要有人物访谈、事件访谈和观点访谈；三是依据被采访者的数量划分，主要有单人访谈、多人座谈；四是根据节目制作过程划分，主要有直播访谈和录播访谈。

四、新闻访谈节目的准备和过程把握

要做好电视新闻访谈节目，必须把准备工作做好。有的时候准备工作可能不是主持人一个人完成的，但是最终呈献给观众的访谈过程都是由主持人一个人与采访对象来完成的，所以，作为访谈节目主持人应该积极主动地参与到节目的前期准备工作当中。我们在电视新闻访谈节目的准备和过程把握中应该注意以下环节。

（一）选择话题

如何选择话题是至关重要的。

1. 要选择大众关心、希望深入了解的话题。电视新闻访谈节目的话题确定应该和某一时段的舆论宣传导向相结合，这样才能真正起到良好的宣传作用。

2. 可以选择有新意的旧话题。选择旧话题并非不可，但是旧话题一定要能够访谈出新意，就旧话题继续挖掘出新的新闻点。比方说关于高考的话题，年年都在谈，但是在2017年意义就不同了，因为这一年正好是恢复高考40年，对于这40年来高考经历和发生了哪些变化，一定是旧话题能够谈出新意的地方。

3. 话题应当具体，不要选择空泛的话题。对话题的选择应该越具体越好，那些抽象空洞的说教只能让受众感到乏味。比方说谈到营造和谐社会，如果都是抽象的理论，不但几十分钟的节目做不完，恐怕受众对说教也不感兴趣。但是如果从老百姓身边的某件具体的事情说起，可能效果就会完全不同。比方说从北京市民关注的公共交通问题入手，就能够体现出和谐社会的意义。

4. 根据节目定位和时间安排确定话题。任何一档电视节目都有一个目标受众群体，少儿节目锁定的是少年儿童，老年节目锁定的是老年人，体育节目的受众主要是体育迷。同样，任何一档电视访谈节目都有其目标受众群体，任何一档节目也都有时间限制，这也就要求一档电视节目必须有一个定位，包括内容的定位、形式的定位。例如，《焦点访谈》关注社会的焦点，《高端访问》谈的都是高端政治问题，《新闻会客厅》内容包罗万象等。

（二）采访步骤

1. 明确节目策划和采访目的。明确目的非常重要，任何一档节目不可能漫无目的地进行访谈，所以，在进行访谈之前就应该确定好节目的访谈目的以及具体流程和安排。

2. 研究和访谈相关的背景材料。访谈节目由于受到节目定位和时间的限制，只可能选择某一个或几个话题进行深入探讨。在进行节目录制之前所有编播人员都应该充分地把握相关资料和背景材料，这是确保节目能够深入下去的关键环节。

3. 提前预约相关采访对象和当事人。事先联络和预约采访对象或者先期录制短片的被采访者，这除了出于礼貌，还因为充分的准备工作往往是节目成功的基石。

4. 根据文案拟订采访计划。一档访谈节目的策划案只是一个大的宏观的框架，具体实施时必须有一个明确的采访计划，这个计划有时还必须设计几套方案预测一下可能会发生的情况，并且针对每种情况都要制订一个方案。

5. 按既定时间和计划采访被采访者并恰当切入话题。在节目录制过程中嘉宾如约而至，选择什么样的开始比较合适，就要根据嘉宾的性格、语言以及兴趣爱好等寻找恰当的切入点。

6. 预热后开始正式采访。调动现场观众等热场工作都应该在正式录制之前完成，当节目正式开始录制的时候最好开门见山地进入话题。

7. 和访谈对象建立平等融洽的关系。为了更好地进行访谈，主持人应该营造一种融洽的氛围，这种氛围能够打消嘉宾的紧张心理，有助于其畅所欲言。

8. 适时提出尖锐敏感的问题。一档访谈节目谈论的如果都是众所周知的话题或是细节，受众会失去兴趣，因为他们更想了解还不知道的信息。主持人在节目录制开始后的访谈中可以渐渐过渡到一些敏感问题，因为之所以请来被采访者正是因为其目前具有新闻价值，而往往这些敏感问题在媒体中又没有一个定论。对于这些敏感问题，有些嘉宾比较配合，也有些嘉宾可能并不愿意在媒体中谈及，这时候主持人除了要尊重嘉宾选择，还应该注意拿捏好分寸，适当的刺激有助于激起嘉宾的表达欲望，但是绝对不能过分。

9. 恢复融洽的访谈关系。经过一番热烈或者深入的访谈之后，主持人和嘉宾重新恢复融洽的访谈关系，主持人可以就访谈中故意设计的一些细节进行解释或者说明，以免嘉宾产生误会。

10. 结束采访。结束了访谈，主持人感谢嘉宾和现场观众，同时也感谢电视机前的观众朋友们的收看。

（三）基本要求

一个优秀的电视新闻访谈节目应当满足以下几点。

1. 访谈应满足节目既定的要求，实现预期结果。确信访谈涉及的话题是节目目标受众所感兴趣的。

2. 满足节目本身和演播的要求。如时间限制，开头和结尾是否得体，访谈过程是否顺畅，访谈内容是否饱满等。

3. 设法从被采访者那里获得不同于他人的独到见解。但要注意被采访者的独到见解是否客观，要注意正确的舆论导向。

满足以上要求，需要采访者具有高超的采访技巧和现场控制能力。想获得经验和能力，除了专业技能的积累和实践以外，更多地还需要学习和了解人际交往的有关知识。

（四）注意事项

1. 主持人要配合访谈环境，采用合适的语言和表达。主持人的有声语言表达，用什么样的音色、音量，用什么样的措辞等都应该根据具体情况而定。无论是采用坐姿或者站姿，主持人都应该形象端正、落落大方。

2. 主持人应该充分调动和引导被采访者。访谈节目主持人是联系观众和被采访者的纽带和桥梁，对于某些话题主持人可能知道得比较多，但是也依然要站在普通电视观众的角度，替电视观众多问一些问题和细节，因为传播的最终目的是让电视观众看明白，满足他们的需求。所以，在访谈过程中，主持人要调动被采访者的交流欲望，使其乐于发言并积极回答每一个采访问题，同时主持人还要引导被采访者的言论不偏离主题。

3. 主持人需要倾听，以获得完整的回答。主持人一定要多听少说，毕竟观众想听的是嘉宾的想法和观点。还有很重要的一点就是主持人插话要把握好时机，千万不能抢着说话或者总是打断嘉宾的思路，强加入自己的看法和观点。

4. 主持人适当引导，让回答集中于主题。有些嘉宾说话没有时间概念，有些嘉宾说话容易漫谈或者跑题，主持人要适时地把话题引到既定话题上来，但是方法要巧妙，切不可显得鲁莽不礼貌。

5. 主持人运用各种技巧让不善表达者开口。嘉宾的性格、语言表达千差万别，如何让他们说出受众想知道的信息就完全靠主持人的采访和谈话技巧了。所以，主持人在访谈之前对嘉宾的了解和对话题的准备一定要充分，同时要能够在现场让嘉宾放松，以便营造一个轻松融洽的访谈氛围。

6. 主持人在访谈过程中始终保持不卑不亢、客观公正。对于一些热点话题或者敏感话题，主持人应该保持客观公正的立场，嘉宾可以说出自己的理解和观点，但是主持人绝不能有偏颇，在起到桥梁作用的同时，还要做到不卑不亢、客观公正。

（五） 细节处理

电视新闻访谈的过程是完全呈现在观众面前的，观众可以清楚地看到采访者和被采访者的言谈举止。成功制作一档新闻访谈节目，不仅要从总体上把握访谈的过程，还要留心可能使节目留下遗憾的细节。这些细节可能是一句不得体的话语，也可能是一个不适当的动作。总之，观众敏锐的洞察力要求电视新闻访谈节目主持人在镜头前要注意细节，谨言慎行，努力做到如下几点。

1. 认清主宾关系。主持人必须明确自己在访谈节目中的作用，在节目当中不能像生活中聊天一样漫无边际地谈话，而是要带着一定的采访目的进行访谈。主持人还要把控好节目的进程以及话题的方向，不能被善于语言表达的嘉宾带着跑，否则让观众分不清谁是主持人谁是嘉宾了。

2. 注意言谈举止。电视节目传播范围广泛，电视节目当中出现的细节也备受瞩目，因此，主持人和嘉宾都应该在节目当中注意言谈举止，都应该避免生活中的一些不良动作和习惯，毕竟电视节目无形中具有广泛的示范作用。

3. 学会用心倾听。主持人在访谈节目当中一定要学会用心倾听，除了出于礼貌，还因为嘉宾的谈话具有不可预见性，如果谈话当中谈到了其他值得进一步发问的信息，可能会为节目增添一些新鲜感，所以，主持人应该学会用心倾听。

4. 关照现场观众。有些访谈节目除了有嘉宾，还有一些现场的观众，有些观众是和访谈话题相关的当事人、亲历者或者热心关注者，所以，主持人在访谈过程当中适时地和现场观众进行交流，尽可能多听听他们的想法和观点，让访谈节目中有不同观点和意见，这样能够让访谈更加客观、公正。

参考文献

[1] 刘文阁, 李强. 新闻传播概论 [M]. 北京：民主与建设出版社, 2021.

[2] 隋岩, 哈艳秋. 新闻传播学前沿 [M]. 北京：中国国际广播出版社, 2020.

[3] 陈丽芳. 新媒体时代新闻传播研究 [M]. 沈阳：辽宁人民出版社, 2020.

[4] 王晓宁. 融合新闻传播新论 [M]. 南京：南京师范大学出版社, 2020.

[5] 蔡睿智. 近代新闻传播实务研究 [M]. 北京：人民日报出版社, 2019.

[6] 张涛. 融媒时代新闻传播及其变革探析 [M]. 北京：中国商务出版社, 2019.

[7] 谢金文. 新闻学通论 [M]. 上海：上海交通大学出版社, 2019.

[8] 赵丽芳, 毛湛文. 新闻传播学入门基础导读 [M]. 北京：五洲传播出版社, 2019.

[9] 穆宏. 播音主持学理论 [M]. 北京：九州出版社, 2018.

[10] 汪万福. 新闻传播学 [M]. 长春：吉林大学出版社, 2018.

[11] 仲梓源. 电视新闻播音主持教程：第 2 版 [M]. 北京：中国传媒大学出版社, 2018.

[12] 郝雨. 新闻传播学概论 [M]. 上海：上海交通大学出版社, 2017.

[13] 蔡琪. 新闻传播前沿 [M]. 长沙：湖南师范大学出版社, 2016.

[14] 金重建. 播音主持艺术导论 [M]. 北京：中国传媒大学出版社, 2016.

[15] 王秋硕. 电视新闻播音主持创作艺术 [M]. 杭州：浙江大学出版社, 2016.

[16] 刘宏, 栾轶玫. 新闻传播理论 [M]. 北京：中国传媒大学出版社, 2016.

[17] 鲍海波, 王敏芝. 新闻学基础理论 [M]. 西安：陕西师范大学出版总社有限公司, 2015.

[18] 王明军, 阎亮. 影视配音艺术 [M]. 北京：中国传媒大学出版社, 2015.

[19] 李洪岩. 诗歌朗诵技巧 [M]. 北京：中国广播电视出版社, 2012.

[20] 姚喜双. 播音主持概论 [M]. 北京：高等教育出版社, 2012.

[21] 金重建. 播音创作主体论 [M]. 北京：中国广播电视出版社, 2011.

[22] 王朝闻. 美学概论 [M]. 北京：人民出版社, 2011.

[23] 张颂. 播音创作基础 [M]. 北京：中国传媒大学出版社, 2011.

[24] 金晓达，刘广徽. 汉语普通话语音图解课本 [M]. 北京：北京语言大学出版社，2010.

[26] 张颂. 播音主持艺术论 [M]. 北京：中国传媒大学出版社，2009.

[26] 王璐，吴洁茹. 新编播音员主持人语音发声手册 [M] 北京：中国国际广播出版社，2006.

[27] 毕一鸣，叶丹. 播音与主持艺术概论 [M]. 南京：南京师范大学出版社，2005.

[28] 吴弘毅. 播音主持艺术语音发声 [M]. 北京：中国广播电视出版社，2001.

[29] 马玲. 新媒体时代播音主持工作的创新发展 [J]. 新闻前哨，2022（12）：60-61.

[30] 李柬杴. 融媒体时代下播音主持语言表现力提升策略 [J]. 采写编，2022（10）：61-63.

[31] 闫畅. 新闻播音主持形成个人艺术风格的路径探析 [J]. 新闻研究导刊，2022，13（19）：176-178.

[32] 姚丹. 新媒体时代播音主持专业教学创新研究 [J]. 新闻研究导刊，2022，13（19）：182-184.

[33] 林涛. 试析当今语境下播音主持语言艺术的特征 [J]. 新闻传播，2022（18）：108-110.

[34] 王莉. 播音主持工作的拓展功能研究 [J]. 新闻传播，2022（18）：111-112.

[35] 高雅婷. 新媒体技术时代电视新闻播音主持创作样态的发展 [J]. 采写编，2022（09）：79-81.

[36] 徐冰. 播音主持语言表现力提高的策略分析 [J]. 新闻研究导刊，2022，13（17）：172-174.

[37] 李歌朗. 新媒体时代播音主持语言的艺术性探讨 [J]. 普洱学院学报，2022，38（04）：78-80.

[38] 高汇斌. 广播播音主持语言表现力的提升路径 [J]. 西部广播电视，2022，43（16）：174-176.

[39] 张春波. 探讨全媒体时代下新闻播音主持面临的挑战与策略 [J]. 新闻传播，2022（16）：134-136.

[40] 郭佳琳. 谈新媒体语境对播音主持的影响 [J]. 采写编，2022（08）：95-97.

[41] 徐康，范康文，贺争怡. 浅谈融媒时代播音主持的新定位 [J]. 中国报业，2021（21）：124-125.

[42] 孟霞. 传媒视野下播音主持艺术的要素研究 [J]. 中国民族博览，2021（21）：110-112.

［43］刘晓地. 播音主持专业素养提升路径［J］. 采写编，2021（11）：70-71.

［44］王方. 融媒体环境下电视新闻播音主持的创新与坚守［J］. 西部广播电视，2021，42（21）：169-171.

［45］刘力玮. 新媒体时代播音主持的认知［J］. 今古文创，2020（39）：63-65.

［46］孙浩琛. 融媒体下的新闻播音主持风格创新［J］. 新闻传播，2020（19）：105-106.